# Como Sobreviver
# a um Pisciano

Mary English

# Como Sobreviver a um Pisciano

Orientações da Vida Real para Relacionar-se Bem
e Ser Amigo do Último Signo do Zodíaco

*Tradução:*
MARCELLO BORGES

**Editora Pensamento**
SÃO PAULO

Título original: *How to Survive a Pisces.*

Copyright do texto © 2008 Mary L. English.

Publicado originalmente no RU por O-Books, uma divisão da John Hunt Publishing Ltd., The Bothy, Deershot Lodge, Park Lane, Ropley, Hants, SO24 0BE, UK.

Publicado mediante acordo com O-Books.

Copyright da edição brasileira © 2013 Editora Pensamento-Cultrix Ltda.

Texto de acordo com as novas regras ortográficas da língua portuguesa.

1ª edição 2013.

Todos os direitos reservados. Nenhuma parte deste livro pode ser reproduzida ou usada de qualquer forma ou por qualquer meio, eletrônico ou mecânico, inclusive fotocópias, gravações ou sistema de armazenamento em banco de dados, sem permissão por escrito, exceto nos casos de trechos curtos citados em resenhas críticas ou artigos de revista.

A Editora Pensamento não se responsabiliza por eventuais mudanças ocorridas nos endereços convencionais ou eletrônicos citados neste livro.

**Editor:** Adilson Silva Ramachandra
**Editora de texto:** Denise de C. Rocha Delela
**Coordenação editorial:** Roseli de S. Ferraz
**Produção editorial:** Indiara Faria Kayo
**Assistente de produção editorial:** Estela A. Minas
**Editoração eletrônica:** Join Bureau
**Revisão:** Vivian Miwa Matsushita e Indiara Faria Kayo

CIP-Brasil Catalogação na Publicação
Sindicato Nacional dos Editores de Livros, RJ

E48c
English, Mary
    Como sobreviver a um pisciano: orientações da vida real para relacionar-se bem e ser amigo do último signo do zodíaco / Mary English; tradução Marcelo Borges. – 1. ed. – São Paulo: Pensamento, 2013.

Título de: How to Survive a Pisces.
ISBN 978-85-315-1846-1

1. Astrologia. I. Título.

13-04971

CDD-133.54
CDU: 133.52

Direitos de tradução para a língua portuguesa adquiridos com exclusividade pela
EDITORA PENSAMENTO-CULTRIX LTDA., que se reserva a
propriedade literária desta tradução.
Rua Dr. Mário Vicente, 368 – 04270-000 – São Paulo – SP
Fone: (11) 2066-9000 – Fax: (11) 2066-9008
http://www.editorapensamento.com.br
E-mail: atendimento@editorapensamento.com.br
Foi feito o depósito legal.

Este livro é dedicado à minha alma gêmea,
parceiro, marido, amante e aliado:
Jonathan, que esperou pacientemente, como todo
bom taurino, os dois anos que demorei para terminar
este livro, e que por isso sabe mesmo
"Como Sobreviver a um Pisciano".

Ressalva

Por favor, tenha em mente que este livro não deve
substituir uma orientação profissional,
nem ser usado para fazer mudanças na vida
de qualquer pessoa sem o seu consentimento.

# ♓ Sumário ♓

Agradecimentos ............................................................. 9
Introdução .................................................................... 11

**1** O signo ................................................................... 21
**2** Como montar um mapa astral .............................. 35
**3** O ascendente ....................................................... 41
**4** A lua .................................................................... 49
**5** As casas .............................................................. 64
**6** Os problemas ...................................................... 79
**7** As soluções ......................................................... 88
**8** Táticas de sobrevivência .................................... 99

Notas ........................................................................... 125
Informações adicionais .............................................. 127

# ♓ Agradecimentos ♓

Gostaria de agradecer às seguintes pessoas:
Dr. Stephen Gascoine, por ser o pisciano que soube como curar aquelas partes em mim que eu havia esquecido.
Nicky Webb, por ser o pisciano que teve muita
fé em minhas ideias.
Marina, uma amável pisciana que me ajudou no início.
Mel, por ser a pisciana que levou a cura à minha família.
Meu filho, por ser o libriano que sempre
me faz entender o outro lado.
Minha mãe, Jean English, por ser a aquariana que
ficou entusiasmada pelo fato de eu estar escrevendo um livro.
Minha irmã mais velha, Lucy, por ser a aquariana que
sabe que nossos livros são nossos bebês.
Filey e Finn, por terem fé em mim.
Mabel, Jessica e Usha, por sua compreensão.
Laura e Mandy, por sua amizade.
Donna Cunningham, por sua ajuda e conselhos.
Alois Treindl, por ser o pisciano que fundou o
maravilhoso site Astro.com.
Judy Ramsell Howard do Bach Centre, por seu incentivo.

John, meu editor, por ser a pessoa que moveu mundos e fundos para que este livro fosse publicado, e toda a equipe da O-Books, inclusive Andy, Stuart e Trevor.

E finalmente, mas não menos importante, meus adoráveis clientes, por suas valiosas contribuições.

# ♓ Introdução ♓

Por que o título? Tenho me interessado por adivinhações e coisas místicas desde o início da adolescência, quando Netuno começou a percorrer minha Quarta Casa, do Lar e da Família. Primeiro, tirei cartas para amigos e familiares. Minha primeira leitura foi nas férias, para uma amiga. Minha mãe tinha comprado um livro sobre Leitura de Cartas usando cartas comuns de baralho, e minha amiga e eu tiramos as cartas para fazer uma leitura. Li o significado de cada uma das cartas da tiragem e fiquei espantada com a precisão do que vimos. Minha amiga também ficou.

Depois, aprendi sozinha a ler mãos e li todos os livros de Cheiro.* Ele era um grande quiromante, e tinha um ego enorme! Li também *Sun Signs* de Linda Goodman[1] e entendi com facilidade os personagens sobre os quais escreveu. Não me vi como a pisciana fofinha que ela descreveu, mas parte do texto pareceu se encaixar.

---

* Segundo a Wikipédia, William John Warner (1866-1936), conhecido como Cheiro, astrólogo, ocultista e quiromante. (N. do T.)

Quando estava com 18 anos, filiei-me a The Society for the Study of Physiological Patterns [Sociedade para o Estudo de Padrões Fisiológicos] e fui a reuniões em Londres. Não fazia ideia de como poderia ganhar a vida com aquilo que tinha aprendido, e depois de alguns meses fazendo leituras em minha pequena *quitinete* em Harrow, sem dinheiro suficiente para me sustentar, desisti e entrei para o comércio.

Ainda faço "leituras" para amigos íntimos e mantenho à mão meu maço de cartas de jogo de confiança especialmente para essa finalidade.

Anos depois do nascimento do meu filho, decidi tornar-me homeopata, após tê-lo tratado de difteria, em casa, com grande sucesso.

Então, quando minha homeopata me lembrou numa consulta sobre um evento que tinha acontecido e que "devia ter sido" durante o meu "retorno de Saturno" e eu lhe perguntei o que significava aquilo, e ela disse "não se preocupe", eu comecei a me preocupar. Ela sabia alguma coisa que eu não sabia. Fui para casa e li o que podia encontrar sobre o assunto, e aprendi Astrologia sozinha. Do modo mais difícil, lendo todos os livros nos quais conseguia pôr as mãos, montando centenas de mapas e discutindo-os com minha melhor amiga, analisando meu próprio mapa e descobrindo que, embora fosse uma pisciana desleixada, tinha um bom e firme Ascendente em Leão para me manter alerta e para proteger-me das piores partes de ser o último signo do Zodíaco.

Duas de minhas irmãs conhecem Astrologia e minha tia costumava montar mapas, embora fosse católica, mas o que me impediu de aprender Astrologia mais a fundo foi a matemática envolvida. Você já folheou algum livro antigo que ensina a

## Introdução

montar mapas? Sabe quanto tempo leva? Assim, só depois do advento de programas de computador é que a Astrologia tornou-se disponível para mim de uma forma que eu podia acessar com facilidade.

Quando minha querida tia faleceu, perguntei ao meu tio se eu poderia ficar com os livros de Astrologia dela e ele me deu "Bíblia" astrológica: *The New Waite's Compendium of Natal Astrology*, com as efemérides para 1880-1980 e a Tábua Universal de Casas. Minha tia tinha registrado sistematicamente todas as datas de nascimento da família com horários (obrigada, tia Jo!), bem como o de amigos e conhecidos. Tinha até os dados do papa e de outras pessoas famosas, e por isso eu tinha muita informação com que trabalhar. Mas foi apenas em 1996, quando Netuno e Urano começaram a transitar por minha sexta casa, a do Trabalho, que acabei decidindo me tornar astróloga profissional, e não mais uma profissional de meio expediente. Urano permitiu-me sair da casca. Além disso, filiei-me à Astrological Association, o que foi muito útil e estimulante.

Terminei meu treinamento em homeopatia em 2001 e minha prática homeopática estava indo muito bem. Foi então que a gerente de uma loja mística no centro de nossa cidade me perguntou se eu não gostaria de trabalhar lá, pois não tínhamos muitos quiromantes na região. Desenvolvi uma prática que incluía quiromancia, Astrologia e a leitura de cartas. Pague um e leve três...

Também fiz um curso rápido de técnicas de aconselhamento na faculdade local, o que me ajudou muito a ser empática e a me conscientizar das necessidades dos meus clientes.

Foi nessa época que comecei a me deparar com muito mais piscianos do que tinha encontrado antes. Piscianos vivem e respiram o mundo do místico, do estranho e do maravilhoso, e gastam muito dinheiro em leituras porque não confiam em pessoas revestidas de autoridade. Preferem que alguém que seja hábil no esoterismo os orientem, em vez de consultarem um gerente de banco ou um policial. E mesmo que os clientes que eu conheci não fossem de Peixes, se estivessem envolvidos em relacionamentos confusos ou se suas vidas fossem uma bagunça só, sempre, por trás de tudo, haveria um pisciano, que não estaria *causando* todas as dificuldades.

Piscianos não *causam* coisas, calham de estar nos lugares onde coisas estranhas acontecem!

Assim, eu pensei, como uma pisciana iluminada que tinha decidido corrigir seus modos piscianos, que seria uma boa ideia dizer para meus clientes sofredores, e para outras pessoas também, como extrair o melhor dos piscianos em suas vidas, para que não entrassem nas terríveis, enroladas e emaranhadas confusões nas quais os piscianos conseguem se meter, envolvendo ainda outras pessoas. Por isso, este não é um livro de autoajuda. Não se destina aos piscianos em si (embora possam aprender muito sobre si mesmos se o lerem), pois foi escrito para que outras pessoas ajudem seus filhos piscianos, compreendam seu parceiro pisciano ou extraiam o melhor de uma funcionária, de um chefe ou de um cunhado pisciano.

Bem, e por onde começar? Devo dizer para não namorar um pisciano, nem se casar com um deles, nem amá-lo ou empregá-lo?

Não, é claro que não. Mas pelo menos entre na arena com os olhos, ouvidos e sexto sentido *bem* abertos.

Para compreender um signo estelar, é útil conhecer um pouco sobre a Astrologia. Todos costumam ler o horóscopo do jornal. Quem não quer dar uma olhada no que diz o horóscopo depois de um dia difícil? Os taurinos gostam de ouvir que receberão uma chuva de dinheiro, os aquarianos gostam de ler que coisas "novas" vão acontecer em suas vidas e, do mesmo modo, os capricornianos gostam de saber que seus palpites estavam corretos e que o ano seria realmente ruim e que talvez fosse melhor se prepararem para tempos difíceis.

Mas o que acontece se essas pequenas palavras de sabedoria não chegam a causar alguma comoção? O que acontece se você é um bom e pacato ariano, calmo e reservado, ou um geminiano tímido demais para falar? O que acontece se o "perfil" atribuído ao seu signo não está de acordo com a realidade? O problema é que você só está vendo o signo solar, e não o quadro completo.

Cada um de nós tem um Mapa Astral único. Cada um de nós nasceu num momento e num lugar diferente da maioria das pessoas em nossa vida. Certa vez, fiz o mapa de dois gêmeos idênticos, e eles eram completamente diferentes porque um tinha Ascendente em Peixes e o outro, Ascendente em Aquário... Mas antes de mergulharmos no jargão, preciso deixar algo muito claro.

A menos que você tenha nascido exatamente na mesma data, horário e local que outra pessoa, seus mapas serão completamente diferentes. Vocês serão diferentes, e são essas diferenças que vamos estudar.

Assim, para sobreviver a seu pisciano, você precisa identificá-lo, e vou fazer com que isso seja o mais claro e fácil possível para você. Porém, antes de tudo, precisamos aprender um pouco sobre a Astrologia, como ela surgiu e o que ela é hoje.

*"Astrologia é a ciência que explora a ação dos corpos celestes sobre objetos animados e inanimados, e as reações destes a tais influências."*²

A Astrologia data do início da civilização humana, e é a progenitora da Astronomia; durante muitos anos, foram uma única ciência. A Astrologia moderna surgiu na antiga Suméria, hoje conhecida como Iraque.

"As pessoas que lá viviam, chamavam sua terra de Suméria, e súbita e inexplicavelmente começaram a construir grandes cidades muradas com tijolos secos ao sol nas margens de dois grandes rios (Tigre e Eufrates), e escavaram uma extensa rede de canais de irrigação que lhes permitiu cultivar, no solo fértil, abundantes safras de trigo, cevada, painço e sésamo, cujos excedentes eram trocados com os povos vizinhos por madeira, metal e pedra que não existiam na região. Com o tempo, a riqueza crescente das cidades levou à formação de uma classe sacerdotal não produtiva, que teve a oportunidade e o incentivo para estudar as estrelas. Esses homens foram os primeiros astrólogos."³

Os sacerdotes desse reino fizeram a descoberta que se transformou no que hoje chamamos de Astronomia e no sistema zodiacal de planetas que hoje chamamos de Astrologia.

Durante muitas gerações, eles registraram minuciosamente os movimentos dos corpos celestes. E acabaram descobrindo, graças a cálculos cuidadosos, que além do Sol e da Lua, outros cinco planetas visíveis se moviam em direções específicas todos os dias. Eram os planetas que hoje chamamos de Mercúrio, Vênus, Marte, Júpiter e Saturno. Os sacerdotes viviam reclusos em mosteiros adjacentes a imensas torres piramidais de observação chamadas zigurates. Todos os dias, eles observavam o movimento dos planetas e anotavam fenômenos terrestres correspondentes, como inundações e rebeliões.

Eles chegaram à conclusão de que as leis que governavam os movimentos das estrelas e dos planetas também governavam eventos na Terra.

No começo, as estrelas e os planetas eram considerados deuses de verdade. Mais tarde, quando a religião ficou mais sofisticada, as duas ideias foram separadas e desenvolveu-se a crença de que o deus "governava" o planeta correspondente.

Gradativamente, foi se formando um sistema altamente complexo no qual cada planeta tinha um conjunto específico de propriedades. Esse sistema foi desenvolvido em parte por meio dos relatórios dos sacerdotes e em parte graças às características naturais dos planetas. Via-se que Marte parecia avermelhado e por isso foi identificado com o deus Nergal, a divindade ígnea da guerra e da destruição.

Vênus, identificada pelos sumérios como sua deusa Inanna, era o planeta mais destacado nas manhãs, como se desse à luz o dia. Portanto, tornou-se o planeta associado com as qualidades femininas do amor e da gentileza, bem como com a função da procriação. A observação dos planetas pelos sumérios era basicamente um ato religioso. Os planetas eram seus deuses e cada objeto visível era associado a um ser espiritual invisível que julgava suas ações, abençoava-os com boa sorte ou lhes enviava tribulações. Um leve caso de projeção, mas mesmo assim os planetas ajudavam os sumérios a desenvolver algum sentido e significado para suas vidas à medida que aprendiam a lidar com terras e com a agricultura, e com os aspectos mais mundanos da vida. Agora, eles queriam explorar seu lado espiritual. A Astrologia e o estudo dos planetas permitiu-lhes fazer isso.

Os sacerdotes sumérios faziam associações entre eventos terrenos, como enchentes e carestias, e uma fase específica da Lua, uma "estrela" noturna ou a aparição de um cometa. Depois de algum tempo, perceberam que os corpos celestes tinham vários ciclos, e foi possível para eles determinar matematicamente quando, por exemplo, a Lua passaria por um eclipse, para que pudessem prever certos eventos. Essas informações eram reservadas para o rei, e não distribuídas em escala maciça como são hoje.

A Astrologia não acontecia da noite para o dia. Começava com observações, algo que se perdeu um pouco no mundo moderno. Hoje não temos tempo para olhar, aguardar e observar. Lemos a respeito de alguma coisa, vemos na TV, saímos para comprar e esperamos, "bingo!", que nossos problemas cessem. O tempo para a contemplação e observação é reservado aos monges tibetanos ou às pessoas clinicamente deprimidas.

Na época medieval, os astrólogos também eram astrônomos. Eles sabiam onde estavam as estrelas e os planetas, além de serem instruídos e de saber ler e escrever. Com o advento das escolas e dos computadores, agora podemos desfrutar do trabalho árduo dessas pessoas virando uma página ou clicando com o mouse, mas nada vai substituir a observação das pessoas e do modo como interagem umas com as outras.

Há dois tipos de Astrologia praticada no Ocidente. A Astrologia Tropical, que dá a posição de um planeta pelo signo, e a Sideral, que dá sua posição pela constelação. Há mais de 4 mil anos, no equinócio vernal, o primeiro dia da primavera,* o Sol estava na constelação de Áries. Agora, em função da oscilação

---

* A autora estará sempre se referindo às estações do Hemisfério Norte. (N. do T.)

da Terra sobre seu eixo e de um fenômeno chamado "precessão", o Sol entra no signo de Áries mas na constelação de Peixes. Eu pratico a Astrologia Tropical, levando em conta o fato de a posição atual dos planetas ter certo deslocamento. Os dois sistemas têm seu valor e não existe "certo" ou "errado". Só prefiro o mais antigo.

Agora, vamos conhecer o signo ao qual vamos sobreviver.

– Mary L. English
Bath, 2008

## Capítulo 1

## ♓ O signo ♓

*"A cruz do pisciano é que seus peixes nadam em direções opostas. Interpreto isto como a atração gravitacional do mundo material contra as aspirações pelo espiritual. Creio que isso é o centro do modo como vivencio minha existência.*
– Homem de Peixes

*"Para mim, às vezes ser pisciano é como andar numa montanha-russa! Posso me convencer a ser a favor ou contra qualquer decisão ou assunto a qualquer hora! Dito isso, finalmente eu sigo meus mais puros instintos e obtenho bons resultados – que geralmente são bem diferentes daquilo que eu tinha em mente antes! Os problemas acontecem com os piscianos quando eles ignoram sua voz interior e fazem escolhas racionais... não temos nada de racional, e geralmente nos damos mal por não confiarmos no instinto! Meu conselho a um parceiro é ficar de lado e observar intrigado enquanto os debates acontecem no íntimo, só aguardando a decisão final!"*
– Mulher de Peixes

*"Saí com uma pisciana e meu irmão é de Peixes.
O pisciano é sensível, criativo e às vezes sensitivo.
A pisciana com quem saía era extremamente sensível e
romântica, muito atenciosa. Para mim (por favor, não se ofenda),
nem sempre o pisciano sabe a direção que está seguindo,
quase como se fosse uma alma perdida. Meu tio, que é de Peixes,
e meu irmão, são incrivelmente atenciosos e amáveis com os filhos.
De modo geral, acho que são pessoas desprendidas,
mas que costumam ser classificadas como fracas."*
– Lésbica aquariana falando de Peixes

## O Signo de Peixes

Então, o que ou quem é o pisciano?

Primeiro, a pessoa precisa ter nascido quando o Sol estava em Peixes. Este é um termo astrológico para o movimento dos planetas através dos signos. A cada mês os signos mudam, e podem ocorrer mudanças de signo a qualquer hora do dia ou da noite. As datas médias para o signo de Peixes ficam entre 20 de fevereiro e 20 de março.

Se o seu pisciano nasceu às 2h\* do dia 20 de fevereiro de 1988, ele será do signo de Peixes. Porém, se ele nasceu às 23h50 do dia 20 de março de 1988, será um ariano, pois aproximadamente às 21h do dia 20 de março o Sol passou para o signo seguinte do Zodíaco, que é o de Áries.

Encontrei algumas pessoas que nasceram no dia 20 do mês e pensaram a vida toda que eram de um signo mas descobri-

---

\* Os horários mencionados pela autora referem-se ao fuso horário GMT, três horas à frente do fuso horário de Brasília. (N. do T.)

ram que, na verdade, eram do signo seguinte. Logo, *certifique--se* de conferir com um astrólogo ou com um bom programa astrológico para computador a data de nascimento do seu pisciano antes de concluir que tem um pisciano em sua vida.

Sei que seria um pouco difícil confundir um pisciano com um ariano, pois são personalidades bem diferentes, mas quando você leva em conta todas as características de um mapa, pode acabar encontrando um ariano gentil, discreto, sonhador e sensível. Não é comum, mas acontece.

Às vezes, encontramos piscianos que não acompanham a Astrologia. Patrick Moore, o astrônomo, é um deles. Um pisciano que nega a existência da Astrologia?!?!... Ah, mas ele compreende as estrelas e todas as coisas celestes, além de ter o Ascendente em Gêmeos e o Sol em conjunção com Urano. Agora, é tarde (ele está com mais de 80 anos)* para ele aprender Astrologia, mas tenho certeza de que, se o fizesse, obteria dela a mesma satisfação que os astrólogos conseguem com seu ofício.

Na verdade, antigamente os astrônomos eram astrólogos, as duas coisas operavam de mãos dadas. Para ser astrônomo e estudar as estrelas, você precisava ser instruído. Além disso, você precisava entender de matemática, pois a determinação da trajetória dos planetas e das estrelas envolvia cálculos complexos. Felizmente para mim, o advento dos computadores eliminou essa parte da tarefa. Agora, podemos determinar o caminho de um planeta através de um signo com o clique de um mouse. Algum infeliz teve de fazer esses cálculos original-

---

* O astrônomo britânico Patrick Moore, que ajudou a mapear a Lua e inspirou gerações de observadores das estrelas em décadas de transmissões televisivas, faleceu no dia 9 de dezembro de 2012, aos 89 anos de idade. (N. do T.)

mente para escrever o programa. Mas, como a reinvenção da roda, o computador permitiu-nos não ter de começar do zero, e com isso ganhamos mais tempo para interpretar o mapa, sem perder muito tempo com seus cálculos.

Afinal, quem ou o que é um pisciano?

Bem, são um grupo de pessoas nascidas (como descobrimos) entre 20 de fevereiro e 20 de março. E como podemos juntar todos eles, decidindo que têm as mesmas características? Pela observação. A Astrologia entende que "o que está em cima é como o que está embaixo". Que os planetas refletem aspectos daquilo que somos. É uma visão romântica. Estou certa de que a ciência não pode explicar isso direito. Talvez diga mais respeito aos fenômenos de grupos de pessoas, mas foi decidido, há muitos e muitos anos, que Peixes era uma constelação no céu e que, de algum modo, refletia muitas pessoas em nosso planeta e o modo como elas viviam seu dia a dia.

Ao longo dos séculos, os astrólogos têm feito observações, deduções e cálculos, e dado explicações, com uma única finalidade. Ajudar-nos a entender nossas vidas e motivações, e a realizar nossos desejos. As conclusões que um astrólogo extrai de seu mapa são de um corpo maciço de conceitos que se acumulou ao longo dos anos.

Neste ponto, devo acrescentar um codicilo.* Mesmo que tudo que você leia neste livro possa fazer sentido para você (ou não), por favor, não tome decisões importantes de sua vida com base nele. Há centenas de conselheiros, consultores, astrólogos, homeopatas e terapeutas alternativos que podem

---

* Disposição da vontade, como um testamento, mas relativo a coisas sem valor pecuniário. (N. do T.)

ajudá-lo a realizar as mudanças que você precisa instituir em sua vida.

Isso não significa que sua jornada astrológica não será interessante. Será, mas tenho visto e ouvido falar de pessoas que vendem suas casas, mudam de cidade ou de emprego, porque algum adivinho ou astrólogo "disse" que seria o caso. Raramente dou esse tipo de conselho, porque posso colocar, na cabeça das pessoas, ideias que não deveriam estar lá. Se você nunca pensou em mudar de casa ou de cidade, fazer uma mudança importante em sua vida por causa de uma "leitura" de uma hora feita por alguém que você mal conhece não é, a meu ver, uma boa ideia. Sem dúvida, ouça os conselhos que lhe forem dados, mas antes troque ideias com seus amigos e familiares. E pense no que foi dito.

E isso me leva a um aspecto dos piscianos que nunca é um problema. Dormir. Creio que nunca tratei de um pisciano com insônia. Consigo dormir em qualquer lugar. No ônibus, num trem, num carro ou num avião. Tenho certeza de que poderia tirar algumas sonecas em pé, caso me permitisse fazê-lo.

*"Mas, por certos aspectos, os piscianos são seus maiores inimigos. Sua imaginação tende a levá-los para longe, especialmente em situações de conflito. Eles precisam confiar nas pessoas que os cercam. Os piscianos precisam de bastante sono, e não devem tentar ser muito cerebrais!"*

É isso mesmo!

Temos aqui um pisciano resumindo seus próprios defeitos. Sua imaginação é boa, não gostam de conflitos e se ficarem bancando os intelectuais por muito tempo vão se cansar. Os piscianos entram e saem flutuando das situações. Gostam das diáfanas teias de aranha, da bruma ou névoa que aparece logo cedo. Da turvação nos olhos quando se está prestes a chorar. Os piscianos são deste mundo, mas não estão efetivamente nele.

Há até uma astróloga pisciana chamada Linda Reid que escreveu um livro sobre a Astrologia dos sonhos, chamado *Crossing the Threshold*.[4] Ela faz um mapa para o momento em que você tem um sonho, registra o sonho, discute o sonho com você e o aconselha a fazer mudanças importantes na sua vida. Só um pisciano consegue fazer isso. Desenvolver uma forma de aconselhamento que envolve um mapa astral para o momento em que se teve o sonho, usando esse mapa para orientar o cliente para a integridade. Formidável!

Se você consegue compreender como um pisciano funciona, então suas expectativas estarão alinhadas com aquilo que eles podem apresentar. Não peça a algum pisciano duplo para enfrentar uma maratona ou trabalhar num matadouro. É claro que eles podem fazer essas coisas, mas não o farão espontaneamente e nem gostarão disso.

Assim como qualquer outro signo do Zodíaco, um pisciano pode trabalhar em coisas repetitivas ou entediantes, ou mesmo sem alma, mas estarão fazendo algo contrário à sua natureza. Este livro mostra como extrair o melhor de seu pisciano, aprimorando a sua vida e a dele.

A melhor definição do signo de Peixes que encontrei foi a apresentada por Felix Lyle em *The Instant Astrologer*[5] e inclui as seguintes palavras-chave: sensível, receptivo, compassivo, imaginativo, autossacrificante, impressionável, passivo, escapista, aquiescente, confuso e hiperemotivo.

Todas essas qualidades ficarão evidentes quando avançarmos na descoberta do pisciano em sua vida e discutirmos como lidar com esses atributos, como compreendê-los e como tirar o melhor proveito dessas características.

Para extrair o melhor do pisciano de sua vida, você precisa compreender algumas coisas sobre a Astrologia e como as coisas funcionam. Vou transmitir informações suficientes sobre um mapa astrológico para que você possa tomar as decisões certas, fazer as escolhas mais úteis e (espero) aprender um pouco sobre aquilo que motiva um pisciano e como ele vê o mundo. Porque posso lhe assegurar que ele vê as coisas de um modo bem diferente do seu. Por exemplo, digamos que você é de Gêmeos e foi ao *show* de uma banda de rock com um pisciano, e vocês estão conversando sobre a música e as composições de que gostaram e como estão cansados, mas ficaram felizes por terem ido, e, por acaso, toparam com o Steve na lanchonete e ele disse... e seu pisciano (namorado/parceiro amigo/filho/mãe ou o que for) ficou olhando de modo sonhador para você, respondendo que gostou das luzes azuladas no palco e da música sobre corações partidos... e (como o pisciano é de um signo de água) que está cansado com tanta gente por perto e viu alguém usando um colar com cristal e pedra lunar que era *igual* ao seu mas um pouco mais azulado... e você pensou, "será que estamos no mesmo *show*?" "Será que estamos no mesmo prédio?"... "Será que ouvimos as mesmas músicas sendo tocadas?"... pois, na verdade, vocês estavam em comprimentos de onda diferentes, ou mesmo em planetas diferentes.

Mas de que planeta vem os piscianos, uma vez que certamente eles não pensam de maneira lógica ou racionalmente, nem fazem planos?

## Netuno

*"Oh, elfos das colinas, córregos, lagos e vales, e que sem deixar marcas nas areias a fuga de Netuno perseguis, e voais com ele."*
– Shakespeare

Planeta: Corpo celeste que gira ao redor do Sol.

Estrela: Com a exceção da Lua e dos planetas, todo ponto fixo de luz no céu é uma estrela, inclusive o Sol. Todavia, em Astrologia usamos a expressão "planeta" para todos os corpos do mapa. Assim, se você me flagrar chamando o Sol de planeta, é porque se trata de uma expressão astrológica e não a utilizada em Astronomia.

Todos os signos estelares, de Áries a Peixes, têm um "planeta" que cuida deles. Usamos a expressão "que os rege". De certo modo, você pode dizer que eles "vêm" desse planeta, pois o planeta descreve as forças motivadoras do signo. As regências foram determinadas após anos de argumentações e discussões entre diversos astrólogos (e toda vez que se descobre um novo planeta, a discussão recomeça). O modo de montar um mapa astral será discutido mais adiante; primeiro, vamos analisar o planeta que, segundo se decidiu, "cuida" dos piscianos, o signo dos peixes.

Ao compreendermos Netuno como planeta, e seus atributos, saberemos entender melhor os piscianos.

Netuno quase foi descoberto por Galileu, que foi a primeira pessoa a avistá-lo enquanto observava o sistema de Júpiter em 28 de dezembro de 1612. Após a descoberta de Urano em 1781 por William Herschel em Bath, Reino Unido (onde moro), os astrônomos continuaram a observar o céu noturno para acompanhar os movimentos de outros corpos celestes. Entretanto, a descoberta de Netuno não foi feita por uma observação. Os astrônomos que estavam trabalhando no caso usaram a "astronomia matemática". Urano não estava se movendo do modo como as predições disseram que deveria, e por isso os astrônomos concluíram que outro planeta devia estar afetando sua órbita.[6]

Netuno foi registrado várias outras vezes sem ser identificado como planeta nos anos seguintes. Lalande, astrônomo francês, registrou Netuno em 8 e 10 de maio de 1795, pensando que ele era uma estrela. O filho de William Herschel, John Herschel, envolvido com a descoberta, registrou Netuno em 14 de julho de 1830, mas também pensou que fosse uma estrela.

Todavia, um francês chamado Urbain Le Verrier, que trabalhava no Observatório de Paris, usou cálculos matemáticos para provar sua existência e... *"descobriu uma estrela com a ponta de sua caneta, sem quaisquer instrumentos exceto a força de seus cálculos".* Ele recebeu muitas homenagens e amplo reconhecimento por sua realização. O jornal *The Times* publicou esta manchete em 1º de outubro de 1846: *"Encontrado o planeta de Le Verrier".* George Airy e John Couch Adams foram os outros dois astrônomos que trabalharam independentemente na "descoberta" do planeta.

Depois da descoberta, houve muita rivalidade entre franceses e ingleses com relação a quem teria a prioridade da descoberta e, após muita discussão, foi decidido que o crédito iria tanto para Urbain Le Verrier quanto para Adams. Sua descoberta foi chamada de Netuno. Por isso, Netuno não foi "encontrado" por uma observação, como a maioria dos planetas, mas por meios matemáticos. Ou seja, Le Verrier ficou sentado, calculando os movimentos de Urano, que ele (e John Couch

Adams) deduziram que deveriam ser influenciados pela órbita de outro planeta, pois ele não estava se movendo como acharam que deveria. Netuno estava no "pano de fundo", cuidando de sua própria vida, como os piscianos costumam fazer, mas afetando os outros (nesse caso, a órbita de Urano). Que excêntrico! É bem típico de um pisciano... e depois BAM!! Ele é descoberto e tudo vira um caos.

Você pode estar se perguntando: o que o fato de o planeta ser chamado Netuno tem a ver com o modo como ele afeta a vida dos piscianos?

Bem, como disse anteriormente, a observação de astrólogos modernos sobre o modo como o planeta afeta os signos e as características de sua órbita, de seu movimento, aquilo que aconteceu na época em que o planeta foi descoberto, tudo foi levado em conta.

Em 1951, Margaret E. Hone escreveu em seu *Modern Text Book of* Astrology,[7] mais de 100 anos após a descoberta de Netuno: *"Este planeta tem relação com aquilo que está fora do campo de visão, e por isso é o mais difícil [dos planetas] para se descrever com uma única palavra".*

Depois, ela usa as palavras "nebuloso, impressionável, artístico, sonhador, emotivo, idealista, imaginativo, sensível, sutil, sentimental, confuso, divagador e instável", entre outras, para definir os temas regidos por Netuno.

Muito foi escrito sobre Netuno na mitologia. Os romanos chamavam-no de deus do mar (os gregos o chamavam de Posêidon) e ele era o irmão mais novo de Zeus. Ele carregava um tridente com três pontas, tal como vemos no glifo que os astrólogos empregam hoje.

Na lenda romana, ele recebeu o mar como seu domínio e assumiu do deus grego Posêidon a tarefa de ter ataques tempestuosos. Sua esposa, Anfitrite, deu à luz um filho chamado Tritão. Ele também foi famoso por seus casos amorosos e foi pai de muitos filhos selvagens e cruéis. Foi reverenciado como deus da navegação e templos foram erguidos em sua honra. Tanto os gregos como os romanos, mais tarde, achavam que esse deus controlava os mares e que, se irritado, causava tormentas e naufrágios. Não era dos sujeitos mais amigáveis, e tinha a tendência de se relacionar mal com os outros deuses.

Assim, o fato de ter um chefe ou regente tão incompreensível quanto Netuno, que pode elevá-lo facilmente até o alto da espiritualidade e com a mesma facilidade lançá-lo às profundezas do esquecimento, permite ver que Peixes, nadando em direções opostas, tem certa quantidade de karma para enfrentar antes de conseguir ficar em paz consigo mesmo – ou com outras pessoas.

## Água

**Mulher de Áries sobre seu parceiro pisciano**

*"Vivo com um homem de Peixes e percebi que os 'problemas aquáticos' parecem segui-lo. Quando fomos morar juntos pela primeira vez, a casa que estávamos alugando tinha sido reformada recentemente e era de ótimo padrão, mas mesmo assim tivemos dois vazamentos na cozinha nos seis meses que moramos nela. Fazia por volta de três meses que estávamos morando na atual casa quando começou a gotejar água do teto. Nos meses seguintes, tivemos um vazamento debaixo da pia, um chuveiro vazando (que foi trocado), vazamento do cano de saída de água do aquecimento central, dois esgotos vazando, e na semana*

*passada o chuveiro novo começou a vazar (depois de apenas seis meses de instalação) e em poucos dias a caldeira de aquecimento central estava vazando. Finalmente, acho que devo dizer que meu parceiro tem uma irmã gêmea, e o chuveiro da casa dela também começou a vazar na mesma época em que o nosso da primeira vez, e depois nossos DOIS chuveiros novos tiveram o mesmo problema de vazamento num intervalo de poucos dias um do outro, pela segunda vez, DE NOVO! Muito bizarro! (Felizmente, conhecemos um encanador muito bom – somos os melhores clientes dele, hahaha!)*

*Ele também tem problemas com água em sua clínica de saúde complementar – como a máquina de água quente e fria que nunca funciona corretamente, duas lâmpadas de bolhas (aquelas que se parecem com tubos e uma bomba sopra bolhas e elas mudam de cor) que se quebraram no prazo de poucos dias e a água não flui direito nelas. Ele também tem duas fontes de água que também pararam de trabalhar..."*

Para compreender Peixes, você precisa entender também a água, pois Peixes foi "escolhido" pelos astrólogos como sendo do Elemento de Água (veja "Os Elementos", na página 39).

Como você sabe, a água não tem estrutura. Ela assume a forma do recipiente em que é colocada, e por isso ela é tão funcional num copo de cerveja quanto numa cascata. Ainda é água, não importa onde ela está, e o pisciano também é assim. Ajusta-se e se derrete e se molda em função da pessoa com quem estiver ou do lugar onde estiver. A Água pode fluir, correr, desviar e pingar; tem propriedades espantosas. Leia o livro de Masaru Emoto, *The Hidden Messages in Water*[8] e você vai ver como a água, tão importante para os seres humanos e para todos os animais do mundo, pode ser construtiva ou destrutiva. *Precisamos* da água, mas temos de aprender suas habilidades e, até hoje, não conhecemos de fato suas energias.

E o que dizer da Homeopatia e da diluição dos remédios? Jacques Beneviste realizou experimentos sobre a memória da água, mas todos questionaram os resultados; adivinhe de que signo era esse homem? De Peixes. E seu erro? Seu Ascendente era Leão e o Sol estava na oitava casa, e por isso ele saiu do seu canto lutando, convencido de que tinha uma missão e que os demais deveriam deixá-lo em paz. Mas não o fizeram, e ele pagou o preço.

Como Peixes é um signo de água e os peixes vivem na água, precisamos compreender as qualidades daquilo com que estamos lidando, pois assim como a água é um elemento cotidiano, ela tem características que não são facilmente explicáveis, e é aqui que os piscianos têm problemas.

Eles têm problemas consigo mesmos, ou seja, querem saber quem são e para onde vão (esta é a pergunta que os piscianos fazem com mais frequência para mim). Como você pode saber para onde vai quando sua cauda está amarrada a outro peixe que nada contra a corrente, enquanto você quer nadar a favor da corrente?

Com dificuldade. Com MUITA dificuldade.

Bem, é inútil dizer a um pisciano que ele está numa baita confusão. "Recomponha-se!" "Como?", pensa o pisciano. "Nem sei quem **sou**, como vou me recompor?"... Acho que deu para ter uma ideia. Logo, a Astrologia é incrivelmente útil para descrever os piscianos para eles mesmos. É um ponto de partida muito bom. E tudo que vocês precisam saber sobre seu pisciano é o Ascendente, a Lua e a posição do Sol no mapa.

Você pode descobrir muitas outras informações interessantes sobre seu pisciano se pedir que um astrólogo profissional desenhe o mapa astral e lhe mostre suas "promessas". Pois o mapa astral é apenas uma promessa. Mostra potenciais. Duas pessoas com mapas similares podem ter vidas bem diferentes se uma delas mora numa cabana na selva e a outra é um membro da Família Real (por falar nisso, não há muitos piscianos na aristocracia, e a maioria tem Leão forte no mapa).

Eu, por exemplo, tenho Ascendente em Leão. Por isso, preciso ser o centro das atenções, não o tempo todo, mas no meu mundo; e minha Lua está em Gêmeos, o que faz com que eu goste de conversas, de companhia e de verbalizar minhas emoções (ou de registrá-las num diário, como eu faço), e meu Sol está na sétima casa, a do Casamento. Por isso, encontro felicidade máxima sendo casada, conversando e brilhando...

E quais são as combinações que você precisa conhecer para compreender o pisciano em sua vida? Primeiro, vamos aprender a montar um mapa astrológico e a conhecê-lo o suficiente para obter as informações de que necessitamos. Naturalmente, você poderia consultar um astrólogo, mas este é um livro do tipo "faça você mesmo", e por isso devo mostrar-lhe como fazê-lo no conforto do seu próprio lar.

Mas nosso trabalho vai envolver o uso da Internet; assim, se você ainda não está ligado à rede, visite a biblioteca do bairro e use os computadores disponíveis. É mais fácil do que você imagina.

Capítulo 2

# ♓ Como montar um mapa astral ♓

Usar a Astrologia é como criar uma pintura. Você começa com um esboço (o mapa) e acrescenta alguns edifícios ou pessoas (os planetas) com alguma paisagem (as casas), um pouco de perspectiva e depois as cores. Só depois de ver tudo isso junto é que você pode julgar o trabalho. E o que parece bonito para algumas pessoas, será horrível para outras. O mesmo acontece com os astrólogos. Alguns (como eu) gostam do sistema de Casas Iguais, porque todas as casas têm o mesmo tamanho e são uniformes. Outros preferem o sistema de Placidus porque gostam do fato de o Meio do Céu estar na posição das 12h e isso faz mais "sentido". Não faço sentido com muita frequência, eu também sou de Peixes, não se esqueça! Mas, basicamente, os planetas e sua posição no céu no momento de seu nascimento traduzem-se num círculo com doze segmentos. Cada um dos segmentos representa uma área diferente da vida, e cada planeta pode estar em qualquer um dos doze signos, de Áries a Peixes.

Ainda está me acompanhando?

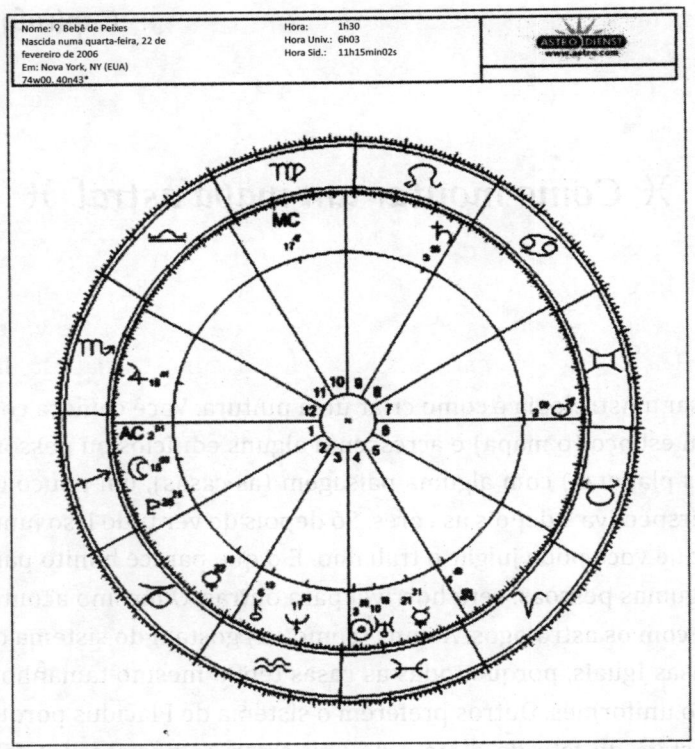

Eis o mapa de uma bebê de Peixes. O mapa é o círculo com os símbolos dentro. Para nossos propósitos, só precisamos nos concentrar nos signos e nos lugares de três coisas para compreender essa pessoa num nível básico.

---

* Nas coordenadas de Ashford, **w** significa oeste (longitude) e **n** significa norte (latitude). (N. do T.)

Eis uma breve sinopse do mapa dessa criança em particular.

Seu **Ascendente** está no signo de **Sagitário**, seu **Sol** está na **quarta casa** e sua **Lua** também está no signo de **Sagitário**. Assim, temos alguém que gosta de viajar, que faz perguntas, não é muito modesta, tem uma natureza impetuosa mas também adora sua casa e sua mãe, e é pisciana, e por isso vai amar contos de fadas e a liberdade de devanear.

Provavelmente, a próxima etapa de nossa jornada de aprendizado sobre como extrair o melhor de nosso pisciano deve beneficiar apenas os pais e as mães de hoje, pois a maioria das pessoas da minha idade que conheço tem apenas uma vaga ideia de quando nasceram (a menos que tenham uma tia astróloga como eu!), e por isso seus mapas nunca saem 100% precisos. Se você não sabe o horário em que seu pisciano nasceu, use uma hora padrão de 6h. Contudo, você não vai conseguir fazer um mapa preciso, e as casas podem estar em posições erradas. Por isso, leia apenas as informações sobre o Sol e a Lua e ignore a informação sobre as casas. Para que isso "funcione", você precisa ter um horário de nascimento preciso.

Para fazer o mapa de seu pisciano, vá ao site (em inglês) www.astro.com e crie uma conta; depois, vá à seção de horóscopos gratuitos e use a parte especial do site, a "Extended Chart Selection" [Seleção Estendida de Mapas].

Você já digitou todos os seus dados. Na seção marcada "Options" [Opções], vai aparecer "House System" [Sistema de Casas]. Agora, *certifique-se de mudar a caixa para indicar equal house* [casas iguais]. Por padrão, o sistema é Placidus, e todas as casas terão tamanhos diferentes; para um principiante, isso é confuso demais.

Seu mapa escolhido vai ter esta aparência.

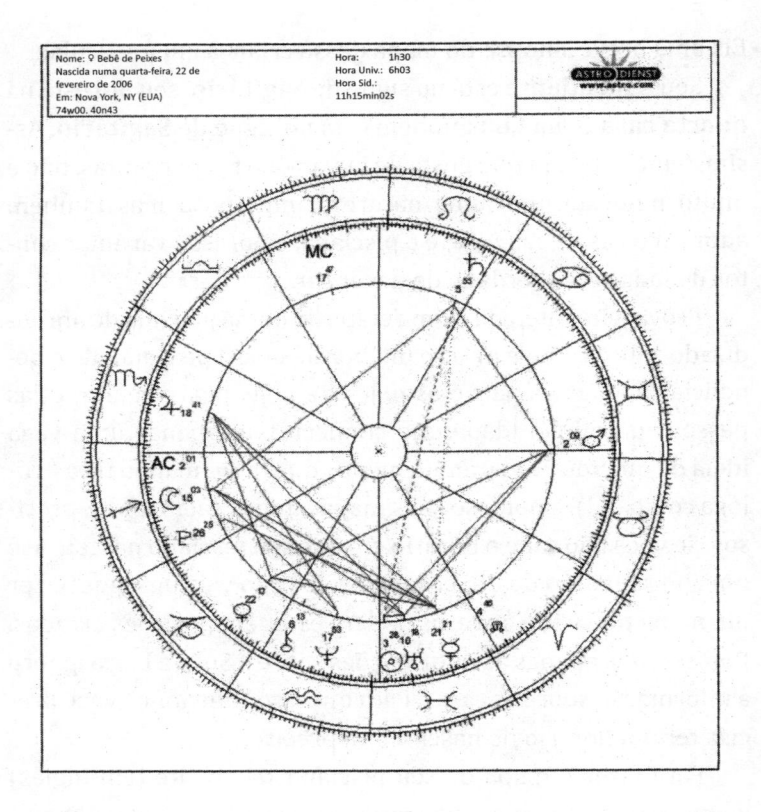

As linhas no centro do mapa são associações matemáticas fáceis ou desafiadoras entre os planetas do mapa, e você pode ignorá-las.

Queremos apenas três informações. O **signo** do **Ascendente**, o **signo** em que a **Lua** está e a **casa** onde o **Sol** se encontra.

Esta é a abreviatura para o Ascendente:

Esta é a abreviatura do Ascendente:

ASC

Este é o símbolo do Sol:

☉

Este é o símbolo da Lua:

☾

As casas são numeradas de 1 a 12 no sentido anti-horário.

## Os Elementos

Para compreender plenamente o seu pisciano, você precisa levar em conta o Elemento em que estão seu Ascendente e sua Lua.

Cada signo do Zodíaco está associado a um elemento sob o qual ele opera: Terra, Ar, Fogo e Água. Gosto de imaginar que eles atuam em "velocidades" diferentes.

Os signos de **Terra** são **Touro**, **Virgem** e **Capricórnio**. O elemento Terra é estável, arraigado e lida com questões práticas. O pisciano com muita Terra em seu mapa funciona melhor a uma velocidade bem baixa e constante. (No texto, refiro-me a eles como "Terrosos".)

Os signos de **Ar** são **Gêmeos**, **Libra** e **Aquário** (que, embora seja o "Aguadeiro", *não é* um signo de água). O elemento Ar gosta de ideias, conceitos e pensamentos. Opera numa velocidade maior que a Terra; não é tão rápido quanto o Fogo, mas é mais veloz do que a Água e a Terra. Imagine-o como tendo uma velocidade média.

Os signos de **Fogo** são **Áries, Leão** e **Sagitário**. O elemento de Fogo gosta de ação e excitação, e pode ser muito impaciente. Sua velocidade é *muito* alta. (Refiro-me a eles como "Fogosos", ou seja, do signo de Fogo).

Os signos de **Água** são **Câncer, Escorpião** e nosso bom amigo **Peixes**. O elemento Água envolve sentimentos, impressões, palpites e intuição. Opera mais rapidamente do que a Terra, mas não tanto quanto o Ar. Sua velocidade seria entre lenta e média.

Capítulo 3

# ♓ O ascendente ♓

Nome: ♀ Albert Einstein
Nascido numa sexta-feira, 14 de
março de 1879
Em: Ulm, Alemanha
10e00. 48n24

Hora: 10h50
Hora Universal: 10h10
Hora Sideral:
22h16min36s

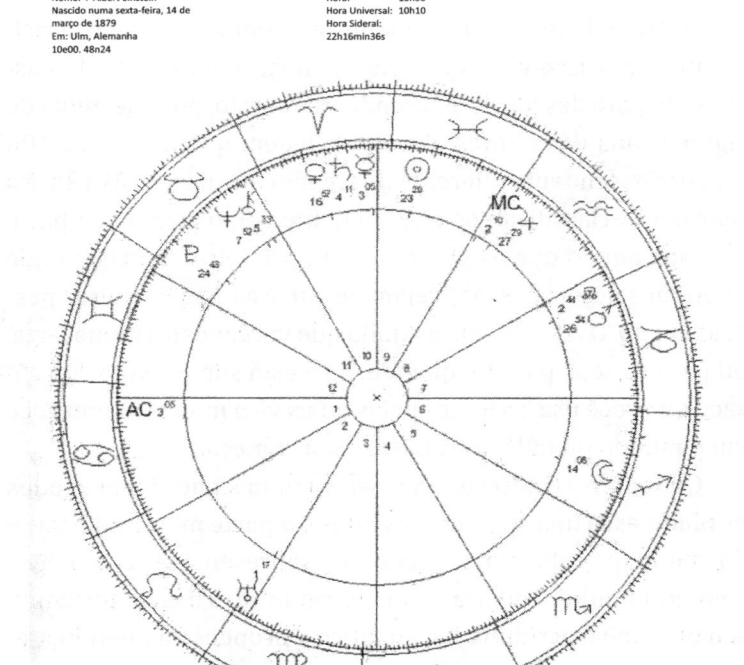

## O *Ascendente*

Este é o mapa astral de Albert Einstein. Aposto que você não sabia que ele era do signo de Peixes! Eu sempre sorrio quando escuto algum cientista dizendo que a ciência é analítica e precisa e depois menciona Einstein. O homem era pisciano, um gênio, sim, "amigo das fadas", um cientista, sim, mas ele também tinha muita "fé" e crença, coisas que a ciência parece ter perdido. É triste.

A linha na posição quinze para as nove do mapa diz que o ASC 3 05 está do lado do símbolo de Câncer, que é tudo o que você precisa saber no momento.

Portanto, Einsten tinha **Ascendente** em **Câncer**.

O Ascendente é determinado pela hora efetiva do nascimento, e por isso você vai precisar saber a hora exata do nascimento para descobrir o Ascendente correto, pois ele muda de signo a cada duas horas. Por isso, alguém que nasceu às 10h terá um Ascendente diferente de alguém que nasceu às 12h. Na Astrologia, classificamos o Ascendente como sendo sua parte exterior, aquilo que as pessoas veem primeiro. A imagem que queremos que as pessoas vejam de fato é a imagem que as pessoas *verão*. O Ascendente é aquilo que você mostra numa festa, ou para os seus pais, ou quando você está sob pressão. É o casaco que você usa, as lentes pelas quais vê o mundo, como você viu o mundo quando entrou nele. Seu começo.

Quando você nasceu, o Sol estava num signo, a Lua e todos os planetas ocupavam outros signos e *a* parte mais importante do seu mapa estava num signo que representava "como você veio ao mundo". Poderia estar no signo de Virgem, tornando seu pisciano discriminador, analítico e propenso a querer categorizar as coisas. O signo de Terra desacelera as energias e torna a pessoa mais inclinada a fazer as coisas num ritmo mais lento do que alguém, digamos, com um fogoso ASC em Áries, que vai correndo para lugares onde os anjos temem ir. Ou poderia estar no signo de Câncer, desejando "sentir-se em casa", adorando a mãe, querendo proteção e segurança financeira.

Logo, quem tem o Ascendente num signo de Fogo será mais proativo, mais "empreendedor" do que alguém com o Ascendente em Água, que vai querer esperar, ser mais lento, sentir o caminho a seguir numa situação. Compreender o Ascendente explica a primeira respiração de seu pisciano, como ele viu o mundo inicialmente como bebê, e é uma parte importante de um mapa. Mas e se o seu pisciano foi adotado, ou seus pais morreram, ou nasceram durante um blecaute ou uma falta de energia? Então você precisa lembrar que será difícil, se não impossível, montar um mapa correto. Se você sabe a data, pelo menos tem um ponto de partida, mas para os propósitos deste livro, você precisa de data, hora e local.

Portanto, acesse a Internet, monte o mapa astral de seu pisciano e observe o Ascendente. No círculo, ele fica na posição de quinze para as nove. Pode estar escrito ASC ou AS. É o Ascendente. Haverá um signo nessa posição.

Eis os símbolos que representam os signos; procure aquele que representa o seu. Eles são chamados de glifos.

Áries ♈
Touro ♉
Gêmeos ♊
Câncer ♋
Leão ♌
Virgem ♍
Libra ♎

Escorpião ♏
Sagitário ♐
Capricórnio ♑
Aquário ♒
Peixes ♓

Agora que você conhece o ASC, pode entender como o seu pisciano vê a vida, ou, mais importante ainda, como os outros o veem. Eles não conseguem "ver" o signo solar, pois este se oculta por trás dessa máscara, e é importante compreender como isso funciona e os sentimentos da pessoa. Alguém com Ascendente em Libra tem sentimentos bem diferentes de quem possui Ascendente em Capricórnio.

Agora, vamos ver como os diversos Ascendentes se combinam com o Sol em Peixes.

## O Ascendente com o Sol em Peixes

### Ascendente em Áries
Áries é um signo de Fogo, o primeiro signo do Zodíaco, e, como tal, precisa se sentir o "primeiro". Podemos compará-lo ao bebê que quer atenção, e por isso um pisciano com Ascendente em Áries sempre vai querer liderar, ser o primeiro da fila, não vai querer esperar pelos outros ou por alguma coisa, e pode ser um pouco impaciente (todos os signos de Fogo são assim).

### Ascendente em Touro
Touro é um signo de Terra, e vai dar ao pisciano uma postura mais sólida. Na verdade, este é um ASC bem útil para os piscia-

nos, pois conseguir ter os pés no chão é um de seus problemas. Eles passam muito tempo no mundo das fadas, e com esse ASC eles vão se lembrar de almoçar, de cuidar de seu corpo e de ser felizes com uma vida mais simples. No entanto, suas finanças podem ser problemáticas e eles podem se preocupar com o saldo bancário.

**Ascendente em Gêmeos**
Gêmeos é um signo de Ar e envolve comunicação e mudanças, e um pisciano com esse ASC pode mudar muito de casa, ficar 24 horas no telefone, adorar mudanças e conversas e ser capaz de se comunicar com qualquer pessoa e em qualquer lugar. Sabem fazer perguntas, mas não são muito bons para responder...

**Ascendente em Câncer**
Câncer é um signo de Água. É o signo do lar e da família, e este é um belo Ascendente para um pisciano, pois ele também é de um signo de Água. Se essa combinação foi cuidada pela mãe e atendida com gentileza na juventude, os piscianos podem se tornar indivíduos bastante confiantes, mas a palavra-chave aqui é a sensibilidade, e um ASC em Câncer vai tornar o pisciano mais sensível a rupturas e a discórdias emocionais.

**Ascendente em Leão**
Leão é outro signo de Fogo e confere ao pisciano realeza e uma aparência forte e bela. Eles esperam que o tapete vermelho seja desenrolado para eles e gostam que seu ego seja afagado, mas sob o Sol de Peixes vai se manter a postura "por favor, trate-me com respeito". São bons para resolver crises, pois o

elemento Fogo faz com que enfrentem bravamente situações que os outros temeriam enfrentar.

**Ascendente em Virgem**
"Para mim, é difícil ser organizado e estruturado, tomar decisões e criar metas na vida, ou achar que mereço muito."

Virgem é um signo de Terra e traz uma postura prática diante da vida. O ASC em Virgem fica oposto ao Sol em Peixes (pois são signos opostos), e por isso essa combinação vai querer analisar e explicar coisas, ter razões para a "Vida no Universo e Tudo o Mais". Eles também podem se preocupar mais do que o normal com a saúde. Precisam que as coisas sejam "ordenadas" e "organizadas".

**Ascendente em Libra**
Libra é um signo de Ar e é representado por uma balança, mostrando que precisa se sentir equilibrado. Com essa combinação, o pisciano vai gastar muita energia na vida afetiva e pessoal, com seus parceiros e relacionamentos íntimos. O ASC em Libra também *detesta* discussões e romper relações com alguém, e por isso faz tudo para evitar confrontos. Gosta de estar cercado por decorações agradáveis, tons pastel, tudo que seja belo, pois Libra é "regido" pela deusa do amor, Vênus.

**Ascendente em Escorpião**
Escorpião é outro signo de Água, intenso e profundo, e geralmente vai parecer quieto e circunspecto quando está numa multidão ou num grupo. É outro ASC forte para um pisciano, e pode ter a tendência a ser desconfiado, na pior das hipóteses, ou transformador, na melhor. Piscianos com ASC em

Escorpião veem a vida através das lentes que penetram fundo na alma das pessoas, e seguem um caminho que deixa os demais de lado enquanto eles se concentram firmemente em suas metas. Cuidado para não ficar do lado errado desse ASC, pois a reação pode ser severa. Pelo lado positivo, são grandes empreendedores.

**Ascendente em Sagitário**
Sagitário é outro signo de Fogo e deseja viajar, ser livre, filosofar, aprender, ensinar, mergulhar em culturas estrangeiras. Se não há nenhum impedimento e muito tempo pela frente, o pisciano com ASC em Sagitário costuma abordar a vida de maneira positiva, otimista e feliz. É um ASC bem alegre, e por isso ajuda Peixes a não ir fundo demais em espaços negativos, desde que tenha "encontrado sua trilha" e suas crenças forem respeitadas.

**Ascendente em Capricórnio**
"Viver a vida de pisciano é complicado. Sou pisciano com ascendente em Capricórnio.

*Tocado por muitas e muitas experiências difíceis na vida, não ofereço simpatia e sim uma total empatia, provavelmente em função das lições da vida."*

Capricórnio é um signo de Terra regido por Saturno, o que torna este ASC um desafio para Peixes, pois pode fazer com que a pessoa seja negativa, sempre receando o pior. Do lado positivo, a vida melhora quando ele fica mais velho, pois aprende que idade e experiência são bens valiosos. Além disso, esse ASC torna o pisciano muito sensível, e pode haver a tendência a manter amizade com pessoas mais velhas do que ele.

## Ascendente em Aquário

Aquário é um signo de Ar, regido pelo excêntrico Urano, planeta da rebeldia. Deseja profundamente a amizade e quer ser amigo de todo mundo. Não só camarada, mas amigo com quem pode brincar, fazer coisas interessantes e participar de algo maior, como "Salve o Planeta". Pode tornar a combinação um pouco mais fria do que as demais, e mais crítica, mas pelo lado positivo, suas agendas estão cheias e sua lista de cartões de Natal é longa.

## Ascendente em Peixes

"Sou pisciano. Não tenho irmãos, meu pai e minha mãe são ausentes. Sinto que não me encaixo no mundo. Acho que não tenho lugar aqui. Nunca consegui 'me encaixar'.

Como vimos, Peixes é um signo de Água e com um Ascendente em Peixes o pisciano será ainda mais pisciano.

Se o Ascendente está no mesmo signo que o signo solar, ele *é* esse signo. Ele é chamado de "Duplo Peixes" porque o exterior e o interior são o mesmo. Sua visão e seu eu são similares. Contudo, o Ascendente em Peixes pode se limitar a vícios e dependências e sentir empatia pelas duras histórias de vida dos outros. Se seu filho ou parceiro tem essa combinação, ele precisa de espaço próprio, de gentileza no trato e de muito tempo para sonhar e dormir. Quando se trata de dormir, ninguém supera a combinação peixes/peixes.

# Capítulo 4

## ♓ A lua ♓

Com nosso mapa de exemplo, descobrimos que Einstein tem o Ascendente em Câncer; agora vamos aprender sobre a Lua. No círculo do mapa, à direita, você verá o glifo da Lua, que está na seção (casa) número 6. Do lado do símbolo da Lua, você verá o número 14. Isso significa que a Lua de Einstein está a 14º do signo de Sagitário. Agora vamos ler o que significa a Lua.

### A Lua

Na Astrologia, a Lua representa o modo como sentimos as coisas. Se o Sol é quem somos e o Ascendente é como nos projetamos, a Lua é como reagimos emocionalmente às coisas.

A diferença entre um pensamento e um sentimento é que o pensamento é algo que acontece rapidamente e vem de nossa mente; um sentimento acontece logo após o pensamento e vem do coração. Se você bater em mim, eu posso pensar, "caramba, por que ela fez isso?" e depois viria a sensação de dor no maxilar e o sentimento de tristeza ou raiva, dependendo da construção do meu mapa. Mas em qualquer situação haverá um pensamento e depois um sentimento, e esse sentimento é a Lua.

Na verdade, a Lua muda de signo a cada dois dias, aproximadamente, e se você quiser fazer uma experiência interessante, leia as manchetes dos jornais diários e preste atenção no signo da Lua.

Num dia com a Lua em Áries, mais pessoas brigam; num dia em que a Lua está em Câncer, os problemas são mais domésticos; num dia com a Lua em Peixes, talvez aconteçam coisas estranhas, mistérios maravilhosos e inexplicáveis. Experimente, você vai se surpreender.

Assim, a Lua "rege" o que sentimos, e para um pisciano algumas Luas são mais fáceis de lidar do que outras. Incluí as Essências Florais do Dr. Edward Bach que são adequadas para os signos lunares, pois a maioria das pessoas se sente bem com "quem" são, mas a Lua representa o subconsciente e de vez em quando precisa de um pouco de apoio.

Você sabe como funciona: você quer sair de seu emprego, detesta seu chefe e seu Sol em Sagitário está contente por sair. Mas você já superou sua Lua em Touro, que está preocupada com a hipótese de você morrer de fome e ficar sem um tostão? O que acontece é que você fica dizendo que quer alguma coisa, mas ela nunca acontece. Se você está preso em alguma parte de sua vida, recomendo que descubra o signo de sua Lua e converse um pouco com ela, e veja se ela está feliz em fazer o que você quer fazer. O subconsciente é como uma criança, acredita em tudo que lhe dizem. As Essências Florais de Bach ajudam a Lua a se sentir menos assustada e preocupada. Uso-as muito em minha prática profissional.

☾ A lua ☾

## As Essências Florais do Dr. Bach

Em 1933, o Dr. Edward Bach, médico homeopata, publicou um livreto chamado *The Twelve Healers and Other Remedies*.[9]* Sua teoria era que se a perturbação emocional que uma pessoa estava sentindo fosse removida, sua "doença" também iria desaparecer. Costumo concordar com esse tipo de pensamento, pois a maioria das doenças (exceto ser atropelado por um carro) é precedida por um evento desagradável ou por uma perturbação emocional que faz com que o corpo saia de sua sintonia. Remover o problema emocional e proporcionar alguma estabilidade à vida da pessoa, quando ela está passando por um momento difícil, não faz mal nenhum, e em alguns casos pode melhorar tanto a saúde em geral, que a pessoa torna a se sentir bem.

Conhecer as Essências Florais de Bach pode ajudar a reduzir certas preocupações e abalos, dando ao seu pisciano mais controle sobre a vida dele (e sobre a sua, caso você esteja por perto). Citarei as palavras exatas do Dr. Bach para cada signo.

Para usar as Essências, pegue duas gotas do concentrado, ponha-as num copo com água e beba. Costumo recomendar colocá-las numa pequena garrafa com água para ser ingerida ao longo do dia, pelo menos quatro vezes. No caso de crianças pequenas, faça o mesmo.**

*Lembre-se de procurar um médico caso os sintomas não desapareçam e/ou uma orientação profissional.*

---

\* *Os Remédios Florais do Dr. Bach – Incluindo Cura-Te a Ti Mesmo e Os Doze Remédios*, publicado pela Editora Pensamento, São Paulo, 1990.
\*\* No Brasil, geralmente as Essências são vendidas já diluídas em água, com uma colher de *brandy* como conservante. (N. do T.)

## Lua em Áries

*"Tenho uma, e adoro-a."*

A Lua em Áries quer que suas necessidades sejam atendidas, quer se sentir cuidada, amada pelo que é e pelo que faz, pois Áries é um signo de ação. Ele se sente melhor tendo tudo de que precisa, ali mesmo e agora. A paciência não é seu forte. A Lua em Áries processa suas emoções pela ação, e muita. Correr, pular, expressar-se fisicamente é bom, mas sempre que sua Lua opera, é algo rápido, brusco e imediato. Como uma tempestade, vai parecer espetacular e revigorante; depois de alguns instantes, a tempestade passa e ela retornará ao seu modo amigável. Seus sentimentos se expressam com força e ímpeto, e ela pode ter dificuldade para se distanciar deles. O benefício mais óbvio de tudo isso é a sinceridade de sua reação espontânea diante dos eventos.

*Essência Floral de Bach* Impatiens:

*"Para os que são rápidos de raciocínio e ação e que desejam que tudo seja feito sem hesitação ou demora".*

## Lua em Touro

*"E eu devo ter um metabolismo rápido. Como mesmo.*
*Como com as crianças... e como depois das crianças também!*
*As pessoas sempre olham espantadas quando começo a devorar a comida."*
– Patsy Kensit (pisciana com Lua em Touro)

A Lua em Touro quer que suas necessidades emocionais sejam atendidas com sensualidade, boa comida, vinhos finos, sedas e cetins exuberantes. Sua Lua é mais lenta e reage depois de algum tempo. Suas emoções dependem de estômagos cheios e finanças estáveis. Uma boa refeição e um cheque do patrão acalmam a maioria dos temores da Lua em Touro. A fixidez do taurino torna-o uma pessoa emocionalmente consistente, que demora para mudar de opinião, mas que deve se precaver contra o apego a sentimentos ultrapassados. Numa crise, a Lua em Touro não consegue *fazer* nada. Ela precisa parar, pensar e "deixar a coisa assentar". Se o seu progresso lento e firme for interrompido por algum obstáculo, ela se deprime e se desestimula.

*Essência Floral de Bach* Gentian:

*"Para os que se desencorajam facilmente. Podem progredir bem no que se refere às doenças ou questões da vida diária, mas qualquer imprevisto ou obstáculo a seu progresso gera dúvidas e logo se deprimem".*

## Lua em Gêmeos

*"Eu conseguiria escritores e coisas assim, e qualquer contribuição que eu pudesse dar para os escritores – se eu pudesse pensar numa boa piada ou imaginasse um bom enredo, seria minha contribuição."*
– Zeppo Marx (pisciano com Lua em Gêmeos)

Ah, Lua em Gêmeos, como é difícil satisfazê-la! Se ela tiver umas 15 pessoas para discutir seus problemas, 12 livros de autoajuda e um foco para suas emoções mutáveis, ela estará bem. Gêmeos é uma energia muito aérea e abstrata, que analisa e racionaliza suas emoções mais do que a média das pessoas. O lado positivo disso é um autoconhecimento claro; o lado negativo é que ele pode acabar preocupado demais. Às vezes, a resposta para o problema pode ser simplesmente desligar o cérebro por algum tempo. Uma coisa é certa: durante uma crise emocional, a conta de telefone da Lua em Gêmeos é estratosférica.

*Essência Floral de Bach* Cerato:

*"Para os que não têm confiança suficiente em si mesmos para tomar suas próprias decisões".*

Essa Essência aparece sob o subtítulo "Para Insegurança e Incerteza" (e tanto Libra quanto Gêmeos têm esse problema).

## Lua em Câncer

*"Eu sabia que era diferente. Achava que era gay ou coisa parecida, porque não conseguia me identificar com os outros caras. Nenhum deles gostava de arte ou de música, eles só queriam brigar e transar."*
– Kurt Cobain (pisciano, Lua em Câncer)

Como o signo de Câncer é "regido" pela Lua, seu eu emocional está feliz nesse signo. É possível que se sinta influenciado pelo signo em que a Lua se encontra naquela semana, por isso consiga um bom calendário lunar e preste atenção no signo em que a Lua está. Nesse caso, há um acúmulo de água no mapa, pois Câncer é um signo de Água e faz com que a pessoa tenda a se apegar a emoções das quais deveria ter se livrado anos antes, mas, de modo geral, torna-a muito sensível às necessidades emocionais dos outros. A Astrologia considera isso uma influência muito "maternal", e suas emoções estarão afinadas com a proteção e o cuidado com o próximo.

*Essência Floral de Bach* Clematis:

*"Alimentam esperanças de tempos melhores, quando seus ideais poderão ser realizados".*

## Lua em Leão

*"Acho que os outros signos se sentem atraídos por nossa profundidade – mesmo que os frustremos até a morte depois!!! Fazemos isso de um modo tão legal que acabamos nos dando bem!"*

A Lua em Leão é uma contradição para um pisciano. Uma Lua que deseja reconhecimento, quando na verdade o que a Lua quer é ficar nos bastidores. Suas necessidades emocionais são bem atendidas quando alguém reconhece sua necessidade de receber agradecimentos e respeito, e às vezes até elogios. Ela tem a capacidade de reagir rapidamente a situações emocionais e, como signo fixo de Fogo, sente-se melhor tendo momentos especiais e um "tempo só meu". O tapete vermelho não estaria fora de lugar também... o tradicional gosto leonino pelos holofotes implica que as pessoas com a Lua em Leão podem ter a tendência a buscar o centro das atenções.

*Essência Floral de Bach* Vervain:

*"Para aqueles que têm ideias e princípios rígidos que consideram certos".*

## Lua em Virgem

*"O TDPM, Transtorno Disfórico Pré-Menstrual, vira de cabeça para baixo a minha vida que já é caótica. É como a TPM x 1000. Viro outra pessoa. Minha percepção muda, fico irada, não consigo realizar minhas tarefas normais, sinto-me como um fardo para todas as pessoas que me rodeiam. Tomo Prozac e tento seguir uma dieta saudável, com muitos exercícios para combater as flutuações de humor, mas o inverno é difícil e não estou lidando muito bem com isso no momento, mesmo com o Prozac. Tem dias que me pergunto por que estou aqui."*

Um pisciano com a Lua em Virgem tem o eu emocional muito distante do ego. Virgem é o signo oposto a Peixes, e seu desafio é *não* se abalar com as coisas, *não* se preocupar até ficar maluco e aprender a confiar no fato de que tudo vai acabar bem. A Lua em Virgem é boa para absorver sentimentos, racionalizá-los e transformá-los, como um lindo bolo de aniversário. Seu único problema é que quando precisam lidar com muita coisa, ficam como o coelhinho paralisado na frente do farol do carro. A Lua em Virgem costuma ser vista como uma posição desafiadora, pois Virgem quer ordem e harmonia e isso é difícil quando as emoções assumem o comando. Consequentemente, ela pode tentar manter suas emoções muito bem organizadas... o que faz com que apareçam sem aviso prévio.

O remédio que prescrevo com mais frequência, pois a Lua, o Sol e o ASC em Virgem são meus melhores clientes. Aparece com o título de "Sensibilidade Excessiva a Influências e Ideias".

☾ A lua ☾

*Essência Floral de Bach* Centaury:

*"Sua natureza boa as conduz a fazer mais do que a sua parte do trabalho e, ao fazer isso, negligenciam sua própria missão nesta vida".*

## Lua em Libra

*"Vivi sozinha a maior parte dos últimos seis anos, subindo pelas paredes todas as noites, frustrada e solitária."*

Peixes com Lua em Libra precisa muito de pessoas. Pessoas amigáveis e amáveis que não discutem e nem ofendem as outras. Adoram a beleza e tons pastel, e, desde que possam manter contato com outras pessoas que apreciam sua suave gentileza, eles se sentem bem. O modo como todos se relacionam com todos é sua maior preocupação, e seu parceiro deverá se tornar, caso não tomem cuidado, seu principal foco na vida. Num dia ruim, podem ter dificuldades para se decidir e podem ficar oscilando de uma ideia para outra. A energia libriana enfatiza muito a harmonia e o equilíbrio. O medo de expressar emoções que podem causar situações difíceis significa que as pessoas com a Lua em Libra podem dizer uma coisa mas sentir e fazer outra em segredo. Como piscianos, também desejam um parceiro, e preferem ter um relacionamento ruim do que não ter nenhum.

*Essência Floral de Bach* Scleranthus:

*"Para aqueles que sofrem muito por ser incapazes de decidir entre duas coisas, inclinando-se ora para uma ora para outra".*

## Lua em Escorpião

*"Vai chegar um momento em que a maioria de nós voltará para cá,/
Trazidos por nosso desejo de ser, /Uma entidade perfeita,/
Vivendo através de um milhão de anos de lágrimas,/
Até compreendermos a Arte de Morrer, /Acredita em mim?"*
– The Art of Dying, George Harrison
(pisciano com Lua em Escorpião)

Escorpião é uma Lua forte para os piscianos, uma Lua que pode absorver muita energia negativa sem desmoronar. Seus sentimentos são intensos, fixos e profundos. Suas necessidades emocionais não são leves e ternas como as de Gêmeos, ou práticas como as de Touro; elas ficam num lugar profundo como uma caverna ou um vulcão subterrâneo. Podem ser pessoas tensas, e, se quiserem alguma coisa, por bem ou por mal, vão consegui-la. A palavra "profundo" aparece sempre nas descrições astrológicas dessa combinação: anseios profundos, paixões profundas. Consequentemente, quando as coisas não saem como um pisciano com a Lua em Escorpião planejou, ele projeta todos os seus desapontamentos no mundo exterior. Não costumo ver muito essa combinação, pois na maior parte do tempo eles se viram bem na vida, sendo autossuficientes. A confiança é algo extremamente importante para eles. Se quiser alguém para ajudar os desamparados, esta é uma combinação de signos maravilhosa.

*Essência Floral de Bach* Chicory:

*"Estão continuamente afirmando o que consideram errado e o fazem com prazer".*

Essa Essência aparece sob o subtítulo "Excessiva Preocupação com o Bem-Estar dos Outros."

## Lua em Sagitário

*"Diante de Deus, somos todos igualmente sábios – e igualmente tolos."*
– Albert Einstein (pisciano com Lua em Sagitário)

Peixes com Lua em Sagitário é uma combinação um tanto incomum. Sagitário é famoso por abrir a boca quando não deve e dizer aquilo que os outros ficam apenas pensando, enquanto Peixes é o signo da observação, da vigilância e da espera. Assim, lá está a Lua deles, querendo respostas, razões e uma bela e longa viagem para a Mongólia Exterior, amigável, sociável e filosófica. Suas emoções são regidas pelo animado e benévolo Júpiter, o que lhes dá uma postura positiva de confiança na vida e nas pessoas. Quem tem a Lua em Sagitário sempre se recupera e nunca perde a fé fundamental na humanidade. Por ser um signo de Fogo, dá a Peixes a oportunidade de agir, coisa que a maioria dos piscianos tem dificuldade de fazer.

*Essência Floral de Bach* Agrimony:

*"Escondem suas preocupações por trás de seu bom humor e de suas brincadeiras e tentam suportar seu fardo com alegria".*

Essa Essência aparece sob o subtítulo "Sensibilidade Excessiva a Influências e Opiniões." A leitura de coisas perturbadoras influencia muito essas pessoas.

## Lua em Capricórnio

*"Os três médicos mais célebres da ilha vieram me ver. Um fungou o nariz com relação ao que cuspi, o segundo analisou o que cuspi e o terceiro escutou-me enquanto cuspia. O primeiro disse que eu estava morto, o segundo disse que eu estava morrendo e o terceiro disse que eu vou morrer."*
– Frederic Chopin (pisciano com a Lua em Capricórnio)

De todos os signos lunares, Capricórnio deve ser o mais desafiador. Ele é regido pelo assustador Saturno, o ceifador terrível e planeta dos golpes duros, e por isso sua constituição emocional é severa e autoflageladora. Como o nativo da Lua em Escorpião, pode absorver mais negatividade do que os outros signos, mas isso o torna receoso de sofrer mais dores. "Pare de se agredir" seria um bom lema. No que diz respeito à dura realidade material do mundo, Capricórnio está acima de todos os outros signos, enquanto a Lua é a "criança interior" e pode fazer com que o indivíduo pareça emocionalmente duro. Isso, entretanto, é apenas uma compensação por querer ser realista com relação à vida. A Lua em Capricórnio tem *tantos* medos que ela pode recear fazer qualquer coisa.

*Essência Floral de Bach* Mimulus:

*"Para medo de coisas terrenas: doenças, dor, acidentes, pobreza, escuridão, solidão, infortúnio. São os medos da vida diária. As pessoas que*

*necessitam deste medicamento são aquelas que, silenciosa e secretamente, carregam consigo medos sobre os quais não falam a ninguém".*

## Lua em Aquário

*"As pessoas têm essas ideias a seu respeito até que, de algum modo, você tem a sorte de elucidá-las."*
– Glenn Close, atriz (pisciana com a Lua em Aquário)

Eu já encontrei muitos piscianos com Lua em Aquário, e ninguém diz que são de Peixes. Esse toque aquariano faz com que sejam *tão* desapegados de suas emoções que eles quase parecem "normais". Os signos de Ar não lidam muito bem com as emoções; preferem pensar a sentir, e podem ficar assoberbados se chover demais sobre eles! O maleável Sol em Peixes fica do lado da Lua em Aquário, racional, livre-pensadora, e, dependendo do ano em que a pessoa nasceu, aumenta ou diminui sua capacidade de manter a vida no caminho correto. Ela pode achar difícil lidar com suas emoções, pois a energia aquariana é aérea e lhe dá a tendência natural de abordá-las de forma abstrata. Do mesmo modo, é uma energia fixa, e as emoções são famosas por sua fluidez e pela dificuldade para determiná-las com precisão. O resultado é que é pouco provável que a pessoa mostre suas emoções, parecendo fria e imprevisível.

*Essência Floral de Bach* Water Violet:

*"Para aqueles que gostam de ficar sozinhos, independentes, capazes e autoconfiantes. São indiferentes e seguem seu próprio caminho".*

## Lua em Peixes

*"Geralmente, as coisas só ficam claras para mim depois do fato, e por isso eu simplesmente "acompanho o fluxo" da minha intuição. Certa vez, li que 'a mulher de Peixes vai comprar uma lata de biscoitos para pôr velas nela'. Li isso e ri, pois tinha feito exatamente a mesma coisa."*

Se você leu tudo até aqui, muito bem; se você pulou para ler apenas esta seção, preciso fazer uma ressalva, aqui e agora.

Se você está envolvida com um pisciano com a Lua em Peixes, respire fundo e exagere e amplie tudo aquilo que eu disse sobre Peixes até agora. Trata-se de uma alma particularmente sensível, e se o pisciano é um garoto, *por favor*, trate-o com gentileza. Ele não será um político ou um *pop-star* (se for, talvez se envolva com drogas, e Kurt Cobain é um bom exemplo); certamente será criativo, musical, inspirado e talentoso, *mas* talvez não saiba o dia da semana, onde deixou o relógio, a carteira, o dinheiro ou o troco do ônibus, a menos que seja criado num ambiente do tipo Steiner,* que leva em conta a sua gentileza. Dentre os signos, Peixes é intrinsecamente o mais emotivo, e pode ter acesso a uma sensibilidade emocional aguçada, que torna a vida complicada e dificulta as ações, fazendo com que o pisciano acabe como o proverbial peixe fora d'água. É certo que existe um consenso astrológico de que este é o signo do mártir e da consciência do sofrimento, mas, como décimo segundo signo, ele está numa posição singular para compreender todas as emoções, e por isso a Lua em Peixes costuma ser

---

* A autora se refere a Rudolf Steiner (1861-1925), fundador da Antroposofia e da Pedagogia Waldorf. (N. do T.)

vista como uma combinação que proporciona a percepção mística.

*Essência Floral de Bach* Rock Rose:

*"Para casos em que parece não haver qualquer esperança ou quando a pessoa está muito assustada ou aterrorizada".*

Essa Essência aparece sob o subtítulo "Para Aqueles que Têm Medo" e ajuda esta alma frágil e gentil a ter coragem para enfrentar qualquer emergência, seja a morte de um animal de estimação, seja o primeiro dia de aula.

Capítulo 5

# ♓ As casas ♓

Em nosso exemplo, Einstein tem o Sol em Peixes na nona casa. Bem no alto do círculo, na seção número 9.

Agora, vamos explicar o que significa cada casa. As casas representam uma área da vida. Cada casa é diferente, e, ao longo dos anos, o significado das casas tem se mantido bem constante, pois até hoje os astrólogos fazem correlações entre o "movimento" dos planetas e aquilo que está acontecendo com seus clientes em suas práticas astrológicas. Também há bastante discórdia entre os astrólogos quanto ao melhor método para categorizar alguém. Há diversos sistemas de casas, e o mais usado hoje pela maioria dos astrólogos é o de Placidus, pois é aquele que os programas astrológicos para computador mais empregam.

Uso um programa idealizado para o público em geral (e não para astrólogos) porque é mais fácil para meus clientes entenderem o que está acontecendo, e posso evitar o jargão, para não confundi-los.

O sistema que uso é chamado de "Equal House" [Casas Iguais], pois todas as casas têm o mesmo tamanho, e, por acaso, foi o primeiro sistema de casas utilizado... e gosto desse concei-

⋇ As casas ⋇

to – em time que está ganhando, não se mexe. O sistema de casas iguais é fácil, e sou a favor do que é fácil, você não é?

Para o propósito deste livro, tudo de que precisamos são as partes mais importantes do mapa, seus tijolos, por assim dizer – o ASC, o Sol, a Lua e a casa onde está o Sol.

Agora, vamos ver uma breve introdução às casas e seus significados. Mas lembre-se, eu não decidi o significado de cada casa (!), ele foi desenvolvido ao longo de anos de observação e de experimentação pelos astrólogos. Se você quiser conhecer a história da Astrologia, recomendo os livros relevantes indicados nas notas.

Portanto, vamos às casas.

Estes são os significados aceitos atualmente para cada casa, escritos como se o seu pisciano tivesse o Sol em uma dessas casas. O Sol é *como* brilhamos, a casa é *onde* preferimos brilhar.

Esta é uma parte da Astrologia que confunde a maioria das pessoas. O que é uma "casa"? É uma divisão matemática do círculo. O ASC, como vimos, é deduzido a partir do horário de nascimento, e as casas são o círculo dividido em 12.

Os astrólogos nem sempre fizeram mapas em círculos; eles também usaram o quadrado dividido em 12 segmentos. Mas, na minha opinião, o círculo parece fazer mais sentido, e, montando o mapa num quadrado, você não percebe as belas formas que os planetas criam ao redor do círculo.

Uma coisa é certa: o mapa natal representa a posição dos planetas, no dia do nascimento, nas diferentes constelações do céu. Mas conheço muita gente que olha um mapa e fica se perguntando que diabos *significa* aquilo.

Portanto, casa é uma das doze divisões do círculo no sentido anti-horário. Cada segmento representa uma "área" diferente da vida, incluindo como os outros o veem, como você se vê e tudo que há entre esses extremos.

Ao longo dos anos, o entendimento sobre o que cada "casa" representa não mudou muito. Felizmente, o que se perdeu ao longo dos séculos é a horrível e assustadora terminologia usada para descrever partes de um mapa. Palavras como "Senhor do..." e planetas "Benéficos" e "Maléficos", implicando que, se você tivesse um planeta Maléfico em seu mapa, a morte e a destruição seriam o resultado. Se você ler interpretações astrológicas antigas, pode ficar preocupado com sua saúde e bem-estar diante das coisas que eram escritas.

Bem, para complicar as coisas, há cinco ou mais "sistemas" de casas empregados por aí. O mais popular em todos os programas de computador é chamado de "Placidus", mas só porque todos os livros antigos eram escritos usando esse sistema, e ele não foi usado no RU até o século XVIII. O "sistema" utilizado antes era o Equal House System [Sistema de Casas Iguais], aquele que prefiro e que gosto mesmo de usar.

O Sistema de Casas Iguais usa o Ascendente como cúspide da casa um e depois divide o Zodíaco todo em 12 partes iguais para as 12 "casas". Coloquei entre parênteses que Ascendente o Sol deveria ter em cada casa porque no Sistema de Casas Iguais há duas opções.

O sistema de Placidus leva em conta dados bem mais complexos, como o tempo que leva para a Terra se mover, de modo que "vemos" seções diferentes do Zodíaco desde a Terra, o que, em resumo, significa que cada "casa" do mapa tem um tamanho diferente.

Minha pergunta é, por que complicar as coisas? A vida já é bastante complicada, e por isso, se você está usando um programa de computador ou um site da Internet, por favor, verifique o sistema que está sendo usado e mude-o para Casas Iguais. Simples assim!

## A Primeira Casa, Casa da Personalidade

**Pisciana, Ascendente em Aquário, Sol na Primeira Casa, Lua em Áries**

> *"Sou assim e adoro isso. Adoro minha vida de fantasias e sou criativa como atriz, escrevendo (principalmente poesia, mas estou tentando redigir um romance com base numa época de minha vida), adoro água, astrologia, natureza... especialmente pedras (formei-me em gemologia e geologia). Sou uma pessoa muito intuitiva e espiritualizada. Disseram-me que tenho uma incessante postura positiva e que estou sempre feliz, mas se sou acusada de algo e me confrontam com uma coisa que não fiz, cuidado! Sou rápida como o raio para me defender... mas tudo passa com a mesma velocidade."*

A primeira casa vem logo abaixo do Ascendente e é quase *a* casa mais importante, com a mesma importância dos signos do Sol e da Lua. Temperamento, personalidade, saúde, tudo se expressa aqui, é o "caráter" da pessoa. Um pisciano com a primeira casa em Peixes e o Sol nessa primeira casa normalmente terá nascido entre as 6 e as 8 horas da manhã. Seus limites serão fracos, e eles captam o humor dos outros como um radar. Eles sabem quem são na maior parte do tempo, desde que a pessoa com quem se relaciona seja mais fraca; mas se a personalidade da outra pessoa for mais forte, Peixes torna-se um espelho dela ou pode até "tornar-se" essa pessoa. Ter o Sol na primeira casa faz com que o nativo tenha autoconfiança, e o Sol de Peixes na primeira casa vai iluminar o "eu". Torna esse tipo de pisciano fácil de se compreender, pois o que você vê é o que você vai receber. Dependendo do signo da Lua, será uma pessoa bem confiante, como a mulher mencionada anteriormente. Sua Lua está em Áries, e isso a torna uma pessoa destemida. Uma coisa que percebi com a pessoa que tem o Sol na primeira casa é que ela é a pessoa mais importante de seu mundo. De um modo ariano, seu foco será sempre o "eu".

(Ascendente Peixes ou Áries.)

## A Segunda Casa, Casa do Dinheiro, de Bens Materiais e da Autoestima

*"Meus princípios básicos são firmes e para tentar mudá-los é preciso que eu me convença muito bem, mas fico tentando e geralmente funciona."*

A segunda casa rege nossas primeiras relações com o mundo exterior. Ela lida com coisas materiais, dinheiro, bens, segurança e estabilidade. Se essas palavras-chave parecem taurinas, é porque cada casa, de 1 a 12, é como cada signo do Zodíaco, e a segunda casa é como Touro. É o equilíbrio entre a atitude perante bens materiais (como o dinheiro, puro e simples) e bens espirituais como amor, amigos e o senso de autoestima. A energia pisciana não se sintoniza de imediato com a segunda casa, que envolve dinheiro e coisas materiais. Isso pode significar que eles procuram significados mais profundos por trás do dinheiro etc.

Os clientes que conheci com o Sol na segunda casa preocupam-se com o lado prático da vida. O dinheiro, a casa, o emprego, quanto eles "valem". Peixes com o Sol na segunda casa vai precisar organizar sua situação financeira desde cedo, pois, do contrário, com essa colocação estará sempre trabalhando contra ele mesmo. Ele precisa que os tijolos da vida estejam firmes em seus lugares. Renda, emprego, casa, dinheiro no banco. Acho que deu para entender!

(Ascendente Aquário ou Capricórnio.)

## A Terceira Casa, Casa da Comunicação e de Viagens Curtas

A terceira casa rege o aprendizado da fala e do pensamento, as relações com parentes próximos, especialmente irmãos e irmãs, e viagens curtas. A conexão entre Gêmeos e a mente significa ainda que as influências planetárias da terceira casa podem fazer com que o indivíduo tenda a mudar bastante de ideia. Peixes preocupa-se bastante com a unidade e a integridade, enquanto a terceira casa lida com a divisão, a organização e a comparação entre coisas diferentes. Aqui, o Sol em Peixes proporciona visões intuitivas para processos racionais e ajuda o pisciano a ser mais racional e comunicativo. Percebi que clientes com o Sol na terceira casa têm contas telefônicas imensas e adoram conversar apenas pelo prazer de fazê-lo; logo, se você tem um pequeno pisciano em casa, não lhe dê um celular logo cedo, a menos que consiga um plano barato ou muitos minutos de graça. Os nativos da terceira casa também precisam se sentir "ouvidos"; por isso, ouça as suas opiniões e ideias. Você não precisa concordar com elas, mas deve escutar esse pisciano.

(Ascendente Capricórnio ou Sagitário.)

## A Quarta Casa, Casa do Lar, da Família e das Raízes

A quarta casa abrange a vida familiar e doméstica em geral, e é influenciada pelas qualidades cancerianas de amor pelo lar. Como é regida pela Lua, esta casa também descreve as relações com a mãe ou com uma figura materna, mas também cobre as atitudes diante dos progenitores e das "raízes" em geral. O Sol em Peixes na quarta casa indica que a paz e a estabilidade interior deverão ser orientadas pela família, e podem encontrar expressão de formas menos óbvias – como tratar amigos ou colegas de trabalho como se fizessem parte de uma grande família. Com certeza, entender-se com a formação e as raízes ajuda o Sol em Peixes na quarta casa a ter uma vida mais feliz. Sempre recomendo a clientes com o Sol na quarta casa a pesquisar sua árvore genealógica e a fazer as pazes com o passado. O livro de David Furlong,[10] *Healing Your Family Patterns*, ajuda muito nisso. Outra coisa interessante que percebi em Crianças Índigo com o Sol na quarta casa é que elas reagem realmente bem à educação em casa; se o seu peixinho tem o Sol na quarta casa, leve em conta essa opção.

(Ascendente em Sagitário ou Escorpião.)

♓ As casas ♓

## A Quinta Casa, Casa da Criatividade e do Romance

**Pisciana, Ascendente em Libra, Sol na Quinta Casa, Lua em Peixes na Quinta Casa**

> "Sou pisciana de Sol e de Lua, com habilidades psíquicas documentadas pelo governo desde que era criança. Acredito que tenho a tendência a receber, mais do que enviar, impressões – mas, se eu fizer um esforço consciente (o que geralmente não faço), também posso enviar uma mensagem para que alguém com quem não estou conseguindo falar por telefone."

A quinta casa abrange o desejo de deixar uma marca no mundo, que pode ser qualquer coisa criativa ou ativa "lá fora" – cozinhar, jogar, namorar, brincar ou reunir-se com os amigos. Como Leão que adora ser o centro das atenções, o Sol em Peixes na quinta casa adora a criatividade com C maiúsculo. Conheci muita gente com o Sol na quinta casa que deveria se promover mais. Nessa casa, o Sol em Peixes exige respeito pelos frutos de sua criação, sejam eles filhos, Arte (com A maiúsculo), poesia, música, cinema, TV ou algo mais discreto, como "coisas que eu mesmo fiz". Se o seu peixinho tem essa tendência, lembre-se de exibir suas criações em algum lugar da casa, como num painel de cortiça na cozinha. Os piscianos mais velhos vão adorar se forem "incluídos" em qualquer coisa que esteja "na moda" no momento. Também vão gostar mais da emoção da caçada do que daquilo que foi caçado, por isso não espere que queiram se estabilizar muito cedo.

(Ascendente Escorpião ou Libra.)

## A Sexta Casa, Casa do Trabalho e da Saúde

**Pisciana, Ascendente em Virgem, Sol na Sexta Casa, Lua em Libra na Primeira Casa**

*"Para mim, é difícil ser organizada e estruturada, tomar decisões e criar metas na vida. Costumo ser errática e me afasto dos holofotes. 'Torno-me pequena'. Aparentemente, sou difícil de ser pega e mantida (segundo meu professor do curso de aconselhamento, que ainda estou fazendo – que estupidez!)... No entanto, as pessoas me veem como calma, paciente e atenciosa... e acham que sou uma boa ouvinte e 'curadora'... parece que não imaginam que eu também possa querer ser ouvida, apoiada ou cuidada."*

A sexta casa rege a saúde e nosso trabalho, e encontrei clientes com essa colocação que se sentem mais felizes quando têm um emprego relacionado com o cuidado com terceiros ou trabalhos voluntários. Devem ser mestres na arte de limpar e arrumar as coisas, o que é um problema para muitos piscianos. Depois que deixam tudo em ordem, as coisas melhoram. Por isso, encaixotar coisas, descartá-las e achar o lugar certo para cada uma é benéfico. Sim, conheço muitos virginianos que são muito bagunceiros; é que a influência de Virgem não é a ordem em si, mas a necessidade de colocar as coisas em seus lugares. São capazes de categorizar as coisas. Ordenar sentimentos. A influência virginiana também confere preocupações constantes, que podem ser facilmente reduzidas fazendo-se planos concretos, listas, anotando tudo e mantendo registros precisos. A pisciana mencionada anteriormente é terapeuta, e quando ela aprendeu a relaxar (pela hipnotera-

pia), conseguiu expandir sua atividade de massoterapia e organizar seminários de orientação.
(Ascendente Libra ou Virgem.)

## A Sétima Casa, Casa dos Relacionamentos e do Casamento

Na sétima casa, passamos de interesses "internos" do indivíduo, suas necessidades e atitudes psicológicas, para os importantes interesses "externos" da sociedade e dos relacionamentos. Ela enfoca o desejo de parceria, e, regida por Vênus, de amores importantes. Tradicionalmente, é a casa do casamento, e por isso o tema do casamento será importante para o pisciano da sétima casa, propiciando um profundo senso de união e conexão com o parceiro ou namorado e uma intimidade profunda. Concordo com essas colocações porque tenho o Sol na sétima casa e meus relacionamentos íntimos influenciaram meu desenvolvimento como pessoa. Encontrar meu amor espiritual foi uma experiência muito benéfica, que fez com que tudo o mais "se encaixasse". Geralmente, os clientes que vejo com essa colocação ou com planetas em Libra recebem a receita com a instrução, "encontre um parceiro afetivo", e suas vidas melhoram. Isso não significa que eles não conseguem "funcionar" sem um parceiro, mas que é algo que os faz se sentir "em casa".
(Ascendente Virgem ou Leão.)

## A Oitava Casa, Casa da Força Vital no Nascimento, no Sexo, na Morte e no Pós-Vida

A oitava casa pode ser descrita como o lar da "força vital", cobrindo experiências intensas como sexo, morte, transformação, reencarnação e experiências religiosas do tipo "renascer". Aquilo que acontece na oitava casa é profundo e importante. Escorpião é o signo da intensidade, e, por isso, o pisciano com o Sol na oitava casa tende a ser mais sigiloso, a querer controlar seu ambiente interno (e até seus parceiros). Eles querem mergulhar profundamente nas experiências da vida. Não vão se deter diante de nada depois que sua mente se focaliza "no caminho à frente", e podem gastar todas as suas energias em coisas que talvez sequer entendamos ou queiramos entender. Imagine uma sociedade secreta: esse é o tipo de coisa com que o Sol na oitava casa vai querer se envolver.

Esta casa também rege investimentos financeiros, apólices de seguro etc.; "dinheiro dos outros". O sexo é extremamente importante para essa combinação, pois é o desejo do pisciano se perder nos outros. Na prática, eu não vejo muitos clientes piscianos com essa combinação, pois ela os faz emocionalmente muito fortes, e por isso menos propensos a buscar ajuda... mas costumo atender seus parceiros.

(Ascendente Leão ou Câncer.)

## A Nona Casa, Casa da Filosofia e de Viagens Longas

Esta casa rege as viagens e línguas estrangeiras, e também as diversas jornadas "interiores", espirituais ou filosóficas, que o nativo pode empreender. Ela também abrange a educação superior, os sonhos e os ideais. Peixes tem uma associação irresistível com grandes projetos místicos para a compreensão do significado da vida e de tudo, e esse é o território coberto pela nona casa; logo, teorias malucas (para os outros) surgem com facilidade. Todos os piscianos com essa combinação vão querer viajar pelo mundo e conhecer outras culturas, explorar terras distantes, entrando literalmente num avião, lendo sobre elas ou navegando pela Internet. Os clientes com Peixes na nona casa que conheço estão sempre "numa missão" para encontrar seu eu espiritual – e por isso podem acumular uma boa quantidade de livros de conteúdo espiritual.

Às vezes, eles podem ser tão francos que chegam a ser rudes, mas suas impressões são verídicas e não devem ser ignoradas. Bem, se você é leonino, vai ter dificuldade para lidar com essa franqueza, mas o mantra desse pisciano pode ser "de que vale me ocultar por trás da polidez". O pisciano mais jovem vai querer cavalgar, pois a nona casa é regida por Sagitário e Júpiter, e, como vimos, Sagitário era o Centauro, metade homem e metade cavalo. Conheço crianças de Peixes que não conseguem passar uma semana sem montar a cavalo ou sem manter contato com eles. Com efeito, atendi certa vez uma mulher que era terapeuta e antes usava cavalos em sua prática, passando depois para animais selvagens – mas seu trabalho inicial foi com cavalos. A atração é muito forte.

(Ascendente Câncer ou Gêmeos.)

## A Décima Casa, Casa da Identidade Social e da Carreira

A décima casa é regida pelo firme e prático Capricórnio, e costuma ser representada como a "casa da carreira". Ambições e progresso mundano expressam-se aqui, bem como valores financeiros. Esta casa também abrange a Autoridade em todas as suas formas, como as pessoas reagem a ela, como lidam com a autoridade que exercem sobre os outros. Geralmente, a décima casa é vista como a parte teimosa e prática do mapa – a carreira, enquanto Peixes tende a injetar o místico e o sonhador nas coisas. Essa combinação é um pouco difícil, e por isso o pisciano da décima casa vai querer uma "carreira", mas pode levar a vida toda até encontrar uma que lhe seja adequada. Quem tem o Sol em Peixes na décima casa preocupa-se com duas coisas: o que os outros pensam ou dizem a seu respeito, e "para onde vou" em suas carreiras. O lado positivo é que, com o tempo, se concentram melhor em suas metas e tornam-se capazes de realizá-las. Se pudessem trabalhar apenas com a energia do coração, e não com a cabeça, a vida dessas pessoas seria um pouco mais fácil.

(Ascendente Gêmeos ou Touro.)

## A Décima Primeira Casa, Casa da Vida Social e da Amizade

A décima primeira casa abrange as aspirações, a consciência social, a vida social e um amplo círculo de amigos, bem ao estilo aquariano. O Altruísmo, a Ecologia, a Amizade e "Salve o Planeta" são temas escritos no alto do céu desta casa para o pisciano. Ele gosta de participar de grupos, formar ideias, trabalhar em equipe e compartilhar recursos. Ele vai se preocupar com o planeta, com os amigos, com os amigos dos amigos e vai querer que todos se deem as mãos e trabalhem com um propósito comum. Se você quer alguém para apoiar a sua causa, esta é a combinação ideal a se buscar. Se quiser que ele trabalhe sozinho por algum tempo, ele vai se incomodar. Ele adora sociedades, clubes, caridades, grupos e tudo que o conecte a outras pessoas para fins altruístas.

(Ascendente Touro ou Áries.)

## A Décima Segunda Casa, Casa da Espiritualidade

Trata de coisas místicas que não conseguimos entender. Torna o nativo tímido e menos desejoso de ficar sob os holofotes, e, como eles podem ter o ASC em Áries, há o terrível dilema de querer ser visto... e querer se ocultar. Se o ASC for Peixes, ele ficará contente por estar nos bastidores, brincando com as fadas, sonhando a noite toda, sem realmente estar no planeta. A nota positiva é que são almas com muitas vidas passadas, e, se você deseja que alguém lhe passe conceitos místicos, procure por esse nativo. Do lado negativo, ele pode apelar para drogas e bebidas; se for seu filho, ensine-o coisas práticas para ajudá-lo a enfrentar a vida no planeta.

(Ascendente Áries ou Peixes.)

Em nosso exemplo, estamos apenas tratando da personalidade de Einstein, e não do que aconteceu em sua vida. Temos alguém que é, basicamente, um pouco tímido. O Ascendente em Câncer não é conhecido por ser apressado, e quer que suas finanças e seu dinheiro sejam estáveis. Quando Einstein se casou com sua primeira esposa, Mileva, ele escolheu bem, pois ela era de Sagitário com a Lua em Virgem, e por isso eles tinham uma conexão Sol/Lua. Lembre-se de que Einstein tinha a Lua em Sagitário. A Lua em Sagitário é boa para lidar com filosofia, e ele tinha o Sol na nona casa, dobrando a influência de Sagitário, pois a nona casa é a mesma coisa que o nono signo... mas este é um livro sobre Peixes e não sobre Einstein. Basta dizer que ele deve ter morrido feliz, pois conseguiu realizar aquilo que se propôs a fazer, mesmo diante de muita oposição, e acabou fazendo aquilo de que gostava. E este é o ponto: se você faz aquilo de que gosta, o resto se encaixa.

Uma vez que o título deste livro é *Como Sobreviver a um Pisciano*, agora vou lhe dar instruções para fazer exatamente isso.

## Capítulo 6

## ♓ Os problemas ♓

Seja firme
Seja gentil
Seja compassivo

É isso! O que mais preciso dizer?... bem, dá para ouvi-lo reclamando. Meu pisciano diz que me adora mas não consegue se esquecer da ex-namorada, ainda está de luto pela mãe dele, não consegue o emprego que quer porque precisa de mais dez anos de treinamento e não tem dinheiro para isso e seu problema com as bebidas está piorando porque não está ganhando o suficiente... e... PARE!!

Você já está vivendo a vida do pisciano. Ele é bem capaz de viver sua própria vida. Ele não precisa de conselhos. Ele precisa de orientação e precisa dela de um modo que possa entender.

Deixe-me dar alguns exemplos:

**Seu pisciano não se compromete**
Simples. Seu pisciano não a ama. Se amasse, estaria gastando seu último centavo para lhe comprar um anel e levá-la para passear em ruas reluzentes, com a Lua brilhando sobre vocês,

lhe mostrando estrelas e sons que você nunca imaginou que estivessem ali.

Ele gosta de você. Gosta dos seus dentes, de seus cabelos, de algumas de suas roupas, das tortas que sua mãe faz em casa, de seus quadros, de sua voz de cantora, mas não a ama. O pisciano apaixonado não se detém diante de nada para tornar seu amor o mais romântico e agradável possível.

A verdade é que ele não sabe o que lhe dizer. Ele não consegue encontrar palavras para se expressar. Ele analisa a situação, se é que chega a analisá-la, com lentes cor-de-rosa, preocupado, imaginando que se disser que não a ama, você vai jogar o gato pela janela, queimar as fotos dele, e ele vai ficar deprimido e triste durante anos e anos... mas ele não está feliz, pois quando um pisciano ESTÁ feliz, ele se funde com o pano de fundo, observa e se gruda. Quando ele está triste, todo mundo sofre, e o mundo se torna um lugar amargo.

Não tente obrigar o pisciano a *fazer* alguma coisa. Você vai perder seu tempo. Não lhe diga coisas inúteis. Sua pobre cabeça já está ocupada com a angústia de muita gente.

Aquela pobre mulher para quem você abriu seu coração no ponto de ônibus ou no bar ou no supermercado devia ser uma pisciana. Eles estão sempre de plantão. Absorvendo as mazelas da vida e tentando impedir mais sofrimento. Eles não gostam da dor. Até aqueles que têm a Lua em Áries ou o Ascendente em Capricórnio.

A maneira mais rápida de alienar um pisciano é obrigá-lo a assistir a algum sofrimento na tevê. Ele pode sentir mais do que você já sentiu, sentir mais do que um cão de caça, mas peça-lhes para calcular logaritmos e você terá problemas.

⋇ Os problemas ⋇

Precisamos dos piscianos. Precisamos de todos os signos do Zodíaco e Peixes é o último signo. Aquele que passou por todas as encarnações antes. Isso não os torna mais sábios ou dignos, torna-os, às vezes, mais cansados. Mais exaustos. "Eu TENHO mesmo de viver essa próxima existência?", perguntam muitos piscianos. "PRECISO me casar, ter filhos, arrumar um emprego, dirigir um carro e sorrir... quando tudo o que quero é dormir, sonhar, me acomodar e preencher as lacunas?"

Se o seu pisciano não se compromete, termine o relacionamento assim que puder.

## Sua pisciana não sabe se ela o ama

Esta é complicada. Às vezes, o questionamento direto não é a melhor ideia. Se ela lhe disser que sonha com você, pensa em você, gosta de suas piadas (até ri delas!), desenha o seu nome, pinta um quadro para você, faz um bolo, quer que você a acompanhe num evento psíquico, provavelmente ela o ama. Se ela lhe escrever uma canção ou um poema, melhor ainda. Deu para ter uma ideia. O amor será sutil, não direto e gentil, na maior parte do tempo.

Às vezes, o pisciano tem dificuldade para expressar exatamente como se sente *de fato*. Afinal, se o seu planeta regente fosse Netuno, você compreenderia. Ele é um peixe muito escorregadio, e por isso é difícil descrevê-lo ou enquadrá-lo. Liz Greene[11] fez um trabalho fabuloso para descrever, no detalhado estilo virginiano, os pontos positivos e negativos de Netuno... mas acho que Netuno está mais relacionado com os momentos em que você apenas "é" e, a menos que tenha ingerido um monte de drogas ou ido voar com as fadas, esse lugar é difícil de se descrever.

O "são" é o mesmo que o "é". "Você está existindo." Não existe dor. Nada parece bom... ou ruim, mas existe uma conexão, e é por essa conexão que o pisciano anseia. Às vezes, ela aparece em momentos inesperados para o pisciano. Como num ônibus, ou durante o banho. Uma conexão é tudo que eles precisam ter. Tudo que desejam aparece, não existe preocupação, nada magoa.

É como observar uma ave na natureza: você sente o vento soprando de leve, tal como a ave está voando, e você sabe que o mesmo vento afeta a ave... e você. A maioria dos piscianos gosta de dormir porque o sono reconecta-os com o mundo onírico, e no mundo onírico ninguém nos julga ou diz demasiadamente "Não".

Eu consigo fechar os olhos e entrar lentamente no sono, em qualquer lugar, a qualquer hora. Normalmente, preciso de cinco minutos para dormir. Fecho os olhos e focalizo "a distância" e vejo uma trilha numa mata ou num prédio (ultimamente, a maioria dos meus sonhos tem sido com prédios). Não são imagens nítidas. São da mesma cor do fundo dos meus olhos... mas quando relaxo e me interesso por aquilo que existe ali, entro na imagem e começo a participar daquilo que está acontecendo. Tudo isso é bem mais interessante do que o relógio batendo, ou do que os ruídos de fora, o encanto daquilo que está nessas imagens é mais forte do que o lugar onde estou deitada. A vontade de estar num mundo de sonhos é bem mais intensa do que a vontade de estar lá fora, no mundo "real". Todos os piscianos conseguem fazer isso, e alguns conseguem descrever isso melhor do que outros.

Portanto, se a sua pisciana não sabe se o ama, leia nas entrelinhas. Procure evidências. Os pequenos indicadores sutis que mostram que sim.

**Meu pisciano é péssimo com dinheiro**
Isso parece afetar piscianos de ambos os sexos. O dinheiro será classificado por eles como o caminho para todos os males, e por isso é melhor reeducá-lo neste particular, mas acrescente um toque espiritual. Se o pisciano acha que um dinheiro extra pode ser gasto para se fazer o bem ou beneficiar os outros (não a si mesmos), é bem capaz que economizem grandes quantias. Melhor ainda se ele ler alguma coisa escrita por Stuart Wilde* quando ele trata dos aspectos espirituais do dinheiro, coisa que nossos amigos do signo de Peixes precisam saber. Também é melhor ter contas bancárias separadas das dele, pois o dinheiro dos dois pode facilmente ser "desviado" para alguma obra de caridade ou para ajudar alguém que está *bem pior* do que você... Cartões de crédito e empréstimos, a menos que de curto prazo e a juros acessíveis, não são os melhores meios para o pisciano enfrentar as dificuldades, mas conselhos práticos, selecionados e básicos dados por um bom gerente de banco de algum signo de Terra sempre funcionam bem.

**Meu pisciano diz que me ama e que ama outra pessoa também, e não consegue se decidir entre as duas**
Este é um território mais geminiano, mas invariavelmente o pisciano vai acabar passando por esse problema em algum momento da vida.

---
* Professor, humorista, roteirista, produtor musical e autor de livros sobre metafísica, espiritualidade entre outros assuntos, nascido em Farnham, Inglaterra.

O melhor modo de lidar com isso é ser realista com relação ao amor. Não é possível amar duas pessoas ao mesmo tempo de forma romântica, pois o amor é, acima de tudo, exclusivo. Se o seu pisciano tiver Urano perto do Sol (o que aconteceu pela última vez em 1921) ou na sétima casa, pode ser, mas não acredito que isso de amar duas pessoas ao mesmo tempo seja algo bom. Seja positiva. Diga a seu pisciano que você vai se afastar do relacionamento com ele e só vai voltar quando ele decidir praticar a monogamia. O que pode estar causando a dificuldade de escolha para seu pisciano é que você está facilitando muito as coisas para ele. Dificulte tudo e depois parabenize-se quando, subitamente, seu pisciano perceber que não consegue viver sem você.

**Meu pisciano não sabe o que fazer na vida**
Esta é uma pergunta que me fazem com frequência. "O que eu deveria estar fazendo na minha vida?" É melhor começar perguntando-se o que você não deveria estar fazendo na vida. Preocupar-se com ela, por exemplo, é um desperdício de energia preciosa. Vá a um bom astrólogo que irá interpretar o seu mapa e ver os signos e planetas que estão na sua sexta casa do trabalho e na décima casa da carreira, e vai analisar ainda mais a fundo o ponto onde o Nodo Norte aparece em seu mapa, pois ele representa o que deveríamos estar "fazendo" nesta vida. Não espere receber detalhes íntimos do tipo "trabalhando no balcão de frios de uma *delicatessen*" ou "comprando e vendendo terras na Provença".

Focalize mais o trabalho num ambiente que lhe dá espaço e oportunidade para a intuição.

E na Astrologia, existe uma diferença entre trabalho e carreira. O primeiro é aquilo que você faz todos os dias, o segundo é o que você pretende seguir. No primeiro caso, trata-se de um processo físico como atender ao telefone, no segundo, é a sua meta profissional e como você planeja alcançá-la. A maioria dos piscianos, mas não todos, sente-se melhor tendo uma carreira e um *hobby*. De fato, o *hobby* pode ser mais interessante do que a carreira. O que é certo é que eles precisam de tempo para si mesmos sem ninguém os vigiando para descobrir o que eles realmente querem fazer. E geralmente envolverá uma dose de criatividade.

## Meu pisciano desmoronou

Isso é algo que quase todos os piscianos vão enfrentar em algum momento da vida. Eles acordam um dia e veem que seu mundo ruiu. Se o pisciano for do tipo sonolento, talvez nem perceba a situação se aproximando, o que o deixará ainda mais pesaroso e ansioso. Vamos por partes. Pegue sua confiável garrafinha do remédio homeopático *Ignatia* 30c, que todas as pessoas que se relacionam com piscianos deveriam ter à mão. Sirva uma dose ao "cadente" pisciano e, se ele não estiver no meio de um estupor alcoólico, faça com que ele se sente diante de uma xícara de chá para explicar o motivo dessa crise em sua vida. Posso (quase) garantir que será por causa de um relacionamento.

Não sei se você já ouviu falar destes dois livros:

1) The Rules[12]
2) Mars and Venus on a Date[13]

Ambos deveriam ser tratados como a Bíblia nas casas que têm piscianos. Neles, temos conselhos simples, sensatos e de fácil compreensão, dados por homens e mulheres que passaram por esses problemas. Eles não são especialistas (piscianos não têm tempo para especialistas), mas vão orientar o pisciano pela estrada de "o que farei agora".

É que os piscianos dão muito de si mesmos. São os mártires supremos, especialmente se tiverem Ascendente em Virgem.

Bem, e do que as pessoas reclamaram com relação aos piscianos que conhecem? Coisas diferentes afetam pessoas diferentes de formas diferentes. Um ariano pode achar o pisciano muito lento, indeciso e hesitante. Gêmeos pode achar o pisciano muito meloso e sensível. Certa vez, tive uma discussão com meu ex-marido. Meu peixinho dourado tinha morrido. Demorou alguns dias até morrer e eu o acompanhei todos os dias, observando-o cada vez menos capaz de comer ou flutuar, até que ele acabou preso atrás de uma pedra no seu aquário e não teve energias para escapar. Ele morreu.

Eu estava grávida de nosso filho na época e (obviamente) emotiva por qualquer coisa. Depois da morte de meu peixe dourado, decidi que queria outro peixe. Meu ex (geminiano) e eu decidimos ir até uma loja para comprar outro. Um peixinho dourado. Uma pequena vida. Mas ficamos sem tempo e meu ex ficou zangado quando comecei a chorar porque: a) meu primeiro peixe tinha morrido, e b) não tivemos tempo para comprar outro. Ele não conseguiu entender por que eu tinha ficado tão perturbada e emotiva por uma coisa com menos de oito centímetros de comprimento que não fala, não late e não mia, e que, na verdade, não faz nada.

Naquele momento, senti-me absolutamente incompreendida, mas contei a história para ilustrar as diferenças entre os signos.

## ♓ Os problemas ♓

Gêmeos quer andar por aí fazendo coisas interessantes e sendo "cerebral". Os signos de Ar querem se conectar e contemplar coisas maiores, talvez significativas da vida, enquanto o pisciano se arrasta, admira a paisagem, faz um pouco disto e daquilo... sendo "sonhador" e sensível, vendo as coisas que os outros não veem.

Assim, ao pensar nos "problemas" que o pisciano pode causar em sua vida, lembre-se: como ele pode "ser" como você se ele já é tão diferente?

O taurino pode achar o pisciano pouco prático, desleixado, incapaz de compreender coisas básicas como dinheiro e comida. O canceriano pode achar que ele não é suficientemente sensível.

*"Estou voltando ao normal depois de uma separação séria de um pisciano, tendo me afastado de outro pisciano de quem fui amiga durante vinte anos. Acho que os piscianos tendem a ser muito emotivos e certamente indecisos."*

Temos uma canceriana, o signo estelar mais sensível de todos, dizendo que os piscianos são "muito emotivos". Às vezes, acho que a gente percebe nos outros coisas que estão em nós mesmos. Pode ser que essa senhora seja muito emotiva, e a união de duas pessoas emotivas pode ter causado certo descontentamento. Talvez agora, com este livro em mãos, ela possa obter o melhor do pisciano que venha a conhecer no futuro.

Logo, se o seu pisciano é instável, emotivo, todo bagunçado em termos financeiros e práticos, comece procurando chegar ao ponto "onde tudo começou a dar errado" e trabalhe a partir daí.

Agora, apresento alguns conselhos baseados no pisciano com quem você está.

Capítulo 7

# ♓ As soluções ♓

Para extrair o melhor do seu pisciano, você vai precisar saber como lidar com ele e ajudá-lo a organizar a vida quando tudo sair "terrivelmente errado".

Cada combinação vai precisar de um tipo de ajuda diferente, mas uma coisa é certa: todo pisciano precisa de tempo e de espaço antes de conseguir se sentir melhor por alguma coisa que saiu errado. Na verdade, a maioria deles vai buscar algum tipo de fuga, e é aí que encontramos o pisciano que se volta para a bebida ou para as drogas, pois elas parecem ajudá-lo a amenizar os sentimentos com os quais está tendo de lidar. E o modo mais rápido de esgotar as energias do pisciano é enfrentar uma crise com a qual ele não pode lidar. Ele vai começar a se sentir mal. Todos os dias, ele acorda e a "situação" provavelmente terá piorado, pois agora ele se debate em sua confusão pisciana, fazendo mais bagunça, desejando fugir de tudo e de todos.

Ele não vai conseguir *decidir* o que é melhor, e isso deixa malucos os signos de Ar, Libra, Gêmeos e Aquário:

*"Parece que nunca dão uma resposta direta, e é difícil fazer com que se prendam a um compromisso, a uma responsabilidade ou a um plano".*

## ♓ As soluções ♓

Eles não querem *fazer* nada (com medo de piorar as coisas), o que deixa malucos os signos de Fogo, Áries, Leão e Sagitário:

> *"Nos meses seguintes, tivemos um vazamento debaixo da pia, um chuveiro vazando (que foi trocado), vazamento do cano de saída de água do aquecimento central, dois esgotos vazando, e na semana passada o chuveiro novo começou a vazar (depois de apenas seis meses de instalação) e em poucos dias a caldeira de aquecimento central estava vazando".*

Eles podem se esquecer de comer, fazer compras, tomar banho e, nos piores casos, de cuidar de si mesmos, o que deixa igualmente malucos os signos de Terra, Touro, Virgem e Capricórnio:

> *"Por favor, lembre-se de dar comida para o cachorro e de acender o fogo da panela de pressão".*

E se houver mais signos de Água por perto, Câncer, Escorpião ou outros piscianos, eles vão ficar ali perto chorando e soluçando... ou se lamentando, pois os sentimentos associados com a "situação" serão difíceis de enfrentar:

> *"Passei anos totalmente insensível... sem me permitir quaisquer emoções".*

Por favor, lembre-se desta frase, dita por um pisciano. Ela resume seu maior problema: seus sentimentos. A menos que se sintam bem, quase nada vai acontecer.

E como entender os sentimentos do pisciano?

Bem, há muitos graus de sentimentos e eles não são físicos. São emocionais. Se você levá-los em conta quando lidar com seu pisciano, a vida será um lugar mais feliz.

## Mulher, Ascendente em Peixes, Sol na Primeira Casa, Lua em Virgem na Sétima Casa

*"Sempre odiei o fato de ser de Peixes, ao mesmo tempo que adorava isso!! (Bem pisciana, não?) Procuro não julgar as pessoas. DETESTO mentiras e segredos, e consigo perceber o cheiro da mentira a um quilômetro de distância. Dou chances para as pessoas, provavelmente até demais, mas é que sempre quero ver o melhor delas. Gosto de cultivar minha intuição, a parte psíquica, a mística... e adoro conhecer as religiões e formas de fé.*
*Para mim, é difícil manter um relacionamento. Sinto que precisam mais de mim do que eu deles. Sou meio fanática pelo controle, e isso pode ter relação com a minha formação. Atualmente, estou num relacionamento. Ele é libriano. Minha mãe é libriana. Sempre me pergunto se o fato de estar com ele significa que inconscientemente eu quis conhecer as características dele e da minha mãe...*
*Minha primeira gravidez foi um inferno. Ataques de pânico, ansiedade, insônia, doença, depressão. Obviamente, tive depressão pós-natal. Minha segunda gravidez foi melhor, e minha segunda filha abriu meus olhos para o que é ser mãe. Agora, sou uma mãe melhor para minhas duas filhas.*
*Sou artista, muito espiritualizada. Estudei tarô, cristais, runas, fiz um curso de Reiki 2, recebi o certificado de aromaterapeuta depois que minha filha mais velha nasceu. Autodenomino-me pagã, pois celebro os festivais todos os anos e ensino-os às minhas filhas.*

*Adoro aprender e gostaria de estudar Astrologia. Sinto que ela vai acrescentar mais um elemento aos meus trabalhos artísticos. O que mais gosto de desenhar são mandalas. Apesar disso, prefiro me denominar artista psicodélica. Também sou ávida por fotografia. Se eu pudesse estudar qualquer coisa, seria Terapia Artística pelo método de Steiner, e não pelo caminho tradicional de escola de artes e hospitais."*

Neste exemplo, temos alguns pontos que precisam ser levados em consideração.

1) Esta pisciana tem ASC em Peixes, e por isso ela é *muito* sensível. As menores coisas podem perturbá-la, e por isso seria bom ela aprender a se proteger do lado mais duro do mundo. Só porque existe dor e sofrimento do mundo, isso não quer dizer que você precise se envolver com eles. As pessoas com ASC em Peixes lidam melhor com o mundo caso encontrem formas de **se proteger dos sentimentos alheios**. Judy Hall trata disso muito bem em seu maravilhoso livro, *The Art of Psychic Protection*.[14] Esta pisciana fica numa sala com pessoas tristes, depois vai para casa e fica se perguntando por que elas estão tristes. Acontece que elas absorveram os sentimentos do recinto e, sem conhecer estratégias para processá-los, mantêm-nos em seu íntimo e provocam doenças horríveis.

2) Esta pisciana tem a Lua em Virgem, e por isso ela precisa "servir". Logo, ela está fazendo a coisa certa ao aprender a curar, só que ela não está praticando o tipo de cura que ela conhece no seu íntimo e que vai beneficiá-la ao máximo: a Terapia Artística.

3) Esta pisciana já teve diversos relacionamentos fracassados com parceiros de signos totalmente incompatíveis. Peixes e Libra não se dão bem num relacionamento pessoal e íntimo. Um quer se fundir com o inconsciente, o outro quer saber todos os porquês, os portanto, as razões e as ideias, e Peixes não pode fornecer essas coisas. Ela também tocou num ponto que tenho encontrado diversas vezes na minha prática, as pessoas que se casam, namoram ou moram com uma pessoa que é do mesmo signo que o progenitor com quem têm mais problemas, para poder "resolver" essas questões com mais desapego. Para mim, é muito mais fácil evitar o trauma e procurar um terapeuta para tratar de problemas com os pais do que fazer um relacionamento funcionar por causa desses problemas.

Eis algumas sugestões para o pisciano de sua vida, caso ele tenha o ASC ou a Lua nesses signos.

Quando ele tocar no ponto do conflito ou você perceber que ele não está conseguindo lidar com ele, você estará presente para ajudá-lo.

## Ascendente ou Lua em Áries

Com isso, ele vai precisar de alguma ação. Áries é regido por Marte, por isso a melhor solução para um pisciano "derrubado" com um ASC tão forte é TIRÁ-LO DE CASA. Falar sobre o problema não é a solução. O ASC Áries vai querer AÇÃO (diferentemente de Leão, que quer LUZES! CÂMERA! AÇÃO!). Faça-o mexer o corpo para liberar um pouco dessa energia ariana. Leve-o para uma aula de tai-chi-chuan, de judô, vá correr com ele, pratiquem esgrima. Qualquer esporte de ação. Não competitivos, porque essa combinação não vai ser fácil se não conseguir o que deseja, e este livro foi escrito para ajudar o amigo pisciano...

## Ascendente ou Lua em Touro

ACENDA O FOGÃO E PONHA A CHALEIRA PARA ESQUENTAR. Pegue alguns bolos (dietéticos) na despensa. Ouça o pisciano por alguns minutos e marque uma consulta com um massoterapeuta holístico, agente de cura, que faça aromaterapia. Antes tarde do que nunca. Touro quer ver suas necessidades básicas satisfeitas. Na Hierarquia de Necessidades de Abraham Maslow, as "Necessidades Biológicas e Físicas" estão no escalão mais baixo, e as necessidades taurinas são alimento, sexo e contato. Aqui, o CORPO é importante. Depois que eles se reconectam com o eu físico, a luz torna a brilhar em suas vidas.

## Ascendente ou Lua em Gêmeos

ACENDA O FOGÃO E PONHA A CHALEIRA PARA ESQUENTAR. Pegue os livros. Cite a Bíblia (qualquer versão, todas são boas). Tenha os livros à mão. Discuta. Discuta mais um pouco. Procure soluções práticas. Ouça. Mexa a cabeça em consentimento de vez em quando. Sorria. Transmita confiança e fale como se entendesse como ele está se sentindo. Se tiver um veículo à mão, um passeio curto "lá fora" vai melhorar muito seu estado mental. A combinação Gêmeos-Peixes adora conversar, especialmente quando está dirigindo ou como carona. Ele vai comentar sobre os transeuntes, sobre o clima, pode falar sobre o que está sentindo de verdade e, no espaço confinado do carro, será honesto sobre o que está acontecendo.

## Ascendente ou Lua em Câncer

Neste caso, você vai precisar de "baldes de simpatia". Câncer é um signo de Água, e, junto com o Sol em Peixes, faz com que a pessoa precise muito de EMPATIA. Não dá para ficar dizendo "sei, sei", fingindo interesse. A menos que você tenha passado pelo que Câncer passou, você está fora do jogo. A melhor estratégia é esquentar (novamente) a chaleira, desligar o celular, parecer calmo e simpático, reclinar-se no espaço de Câncer, imitar sua linguagem corporal e preparar os lenços. Os cancerianos precisam chorar, mas geralmente se sentem bem melhor depois disso.

## Ascendente ou Lua em Leão

Segundo signo de Fogo do Zodíaco. Mas você não percebe isso, pois Leão acha que é especial e único, e precisa de muita atenção. "Tudo bem, tudo bem" funciona com eles. "Como posso ajudar, o que posso FAZER?" também ajuda. Os signos de Fogo gostam de ação; Áries gosta de ação física, enquanto Leão gosta de agir com alguma companhia. Eles querem uma plateia para representar sua história, para encenar seu drama. Quanto mais gente, melhor! Você não vai precisar de lenços. Leão/Peixes precisa estar sofrendo muito para chorar, e tende a fazê-lo silenciosa e solitariamente. As coisas que você poderia "fazer" seriam conversar com o pisciano, oferecer-se para apoiá-lo em qualquer decisão que ele tomou. Esteja do lado dele. Leão/Peixes precisa da confirmação de que ele é legal; lembre-o disso e ele voltará a sorrir.

## Ascendente ou Lua em Virgem

Fiquei tentada a dizer, "Chame o médico", pois Virgem se preocupa muito com a saúde. Quando se aborrece, o virginiano/pisciano reclama, reclama e reclama, até você ter vontade de gritar "ACALME-SE". Não é uma estratégia útil, mas é o que lhe vem à mente depois de escutar cada detalhezinho daquilo que estava acontecendo. Mas não vou me transformar em Linda Goodman[15] e criticar Virgem, pois esse signo tem uma bela capacidade de cura, coisa que nenhum outro signo estelar tem com a mesma precisão. Se ao menos pudessem perceber isso, em vez de reclamar de sua própria saúde, ocupar-se-iam curando os outros ou a si mesmos. Na verdade, Virgem/Peixes não quer falar, pois isso pode fazê-lo sentir-se pior. Ele vai se sentir melhor se ingerir uma essência floral, por isso sugira *Centaury*, que é bom, ou o remédio homeopático *Ignatia*. Aborrecimentos emocionais também afetam a saúde física de Virgem/Peixes, que pode ter problemas de estômago, asma ou diversos sintomas físicos aparentemente desconexos, quando o que ele precisa, na verdade, é deitar em silêncio e desligar um pouco seu cérebro.

## Ascendente ou Lua em Libra

Você vai precisar de lenços novamente. Você também vai precisar de um ambiente agradável, calmo e tranquilo. Libra/Peixes é muito sensível ao ambiente, e como Libra é "regido" por Vênus, responde melhor à beleza, à harmonia e à concórdia. Pode precisar de um leve questionamento. Ter um chá por perto é bom, mas melhor seria um buquê de rosas ou uma *suave* massagem com aromaterapia. As coisas precisam ser equilibradas e justas para Libra/Peixes. Todos precisam compartilhar o que está acontecendo. Mostre que se ele quiser levar em consideração o ponto de vista de todas as outras pessoas, isso irá cansá-lo ainda mais; por isso, seria melhor encontrar apenas uma estratégia para "prosseguir".

## *Ascendente ou Lua em Escorpião*

Esta combinação não deixa muita coisa visível. Talvez só outro signo de Água consiga compreender de fato o que um Escorpião/Peixes sente. Ele sente as coisas tão profunda e intensamente que, se você pudesse compreender o que ele está sentindo, ficaria um pouco chocado. Cores escuras, vermelho-sangue, anseios profundos. A solução é dar-lhe muito espaço. Metros e metros. Um lugar onde ela possa refletir, ponderar e ansiar sem absorver tudo à sua volta, como um buraco negro. Para falar a verdade, se você puder imaginar um buraco negro, não estará muito longe de entender essa combinação. Se você for forte, fique por perto e mantenha-se centrado. Se não for forte o suficiente, vá fazer compras enquanto ele se recupera. Não há muito o que fazer para ajudá-lo, pois ele vai preferir se entregar à emoção. Ele pode escrever um poema, compor uma canção, ficar muito bêbado ou consumir muitas drogas. Ele pode querer vingança, por isso tome cuidado e fique ciente de que se houver outras pessoas envolvidas quando um Escorpião/Peixes estiver nervoso, cabeças podem rolar. Uma sugestão útil é convencer seu Escorpião/Peixes a escrever uma carta dirigida às pessoas envolvidas, queimando-a ritualisticamente depois. Ajuda bastante fazer coisas radicais como essa.

## Ascendente ou Lua em Sagitário

Todos os signos de Fogo querem "fazer" alguma coisa quando algo dá errado. Eles querem "ação". A ação que Sagitário deseja é a ação espiritual. Essa combinação quer que você lhe pergunte qual foi, para ele, o "significado" daquilo que aconteceu. Ele não quer um conselho prático (isso é para combinações com signos de Terra), e se Sagitário rege nossa "razão" para estar aqui, tente fazer com que seu Sagitário/Peixes leve em conta as implicações mais amplas do ocorrido. Você também vai ganhar pontos se sugerir uma longa viagem para algum lugar Bem Distante daquele onde ele mora.

## Ascendente ou Lua em Capricórnio

Capricórnio/Peixes precisa conhecer o pior cenário e trabalhar a partir dele. Faça com que fale sobre o que seria o pior que poderia ter ocorrido nas circunstâncias atuais, depois passe para sugestões mais positivas. Capricórnio/Peixes prefere receber conselhos de pessoas mais velhas do que ele. Ele se sente bem sabendo que o futuro será melhor do que o presente e vai respeitá-lo se você for uma "autoridade" naquilo que você faz. Não dá para enganá-lo. Seja formal em sua apresentação e não se sente perto demais. Não ofereça um abraço e nem tente reconfortá-lo (a menos que ele peça), e seja realista e prático em seus conselhos.

## Ascendente ou Lua em Aquário

A maioria dos Aquário/Peixes gosta de soluções inusitadas para um problema. Gostam de coisas baseadas em computadores, como laptops ou iPods, e por isso as respostas que você encontra na Internet interessam-lhes bastante. Eles não se apegam aos problemas e querem encontrar uma solução funcional, na qual todos saiam ganhando e todos "continuem amigos". De fato, Amizade é uma palavra-chave para Aquário/Peixes; por isso, sugira que passem um belo dia com os amigos e eles vão relaxar na hora, fazendo planos para o evento.

## Ascendente ou Lua em Peixes

Respire lentamente e ouça com muita atenção o Duplo Peixes que precisar de ajuda. Mesmo uma pequena sugestão na direção certa fará maravilhas por ele, e as coisas a sugerir deverão ser baseadas em fadas, espiritualidade, vidas passadas, sonhos, mas em nada real. Leve-os para fazer uma regressão a vidas passadas, para que possam entender o que fizeram nelas. Isso vai lhes dar uma ideia adequada sobre o modo de enfrentar o presente. Use palavras gentis, imagens relaxantes, luzes suaves e velas. Você pode sugerir magia branca, cantos, yoga, um retiro em algum lugar bonito com bichos ou aves; qualquer coisa, exceto soluções práticas para o problema. Eles não vão seguir seu conselho, por isso nem se dê ao trabalho de oferecê-lo. Segure na mão dele por tempo suficiente para que ele se sinta novamente conectado à Terra.

Capítulo 8

## ♓ Táticas de sobrevivência ♓

Como já vimos anteriormente, para sobreviver de fato a um pisciano, você precisa se manter atento. Eles podem levá-lo facilmente para seu mundo de fadas e de "coisas" místicas se você não estiver preparado.

A tática para um filho pisciano será diferente daquela sugerida para um chefe pisciano, por isso vou descrever o melhor modo de lidar com um pisciano nesses diferentes cenários.

### Seu Filho Pisciano

A maioria dos piscianos não quer nascer. Eles estão felizes da vida no céu com os Anjos e as nuvens macias, imaginando cores bonitas e sonhando com cavalos brancos... por isso, às vezes o mero ato de nascer pode ser um esforço. Depois de alguns anos, eles têm total certeza de que estarão no planeta durante algum tempo, mas o anseio de se manter em contato ainda estará presente. Deixe que seu filho de Peixes tenha bastante "tempo para sonhar". Um tempo com o brinquedo ou livro favorito (e não horas de TV, que corrói seu pequeno cérebro). As crianças de Peixes podem gostar de desenhar, de pintar e de costurar. Artesanato é algo que os deixa felizes durante horas.

Se o seu pisciano tiver muita Água, seja gentil com ele e imagine-o como um frágil botão de rosa. Mantenha-o regado, nutrido e aninhado. O pisciano aquático precisa de contato tátil, coisa que ele adora.

Um pisciano com o elemento Ar vai querer conversas, respostas e *razões* para as coisas. Se papai foi embora e nunca mais voltou explique o porquê. Acredito que devemos dizer a verdade para nossos filhos, da melhor maneira possível. Se mamãe e papai se divorciaram, ou o vovô morreu, conte-lhes amavelmente o que aconteceu e isso fará com que a pequena mente deles não fique pensando no pior cenário.

O pisciano com o elemento Terra precisa de estrutura e de limites de tempo, bem como de um local para suas coisas. Eles são orientados para "coisas", especialmente se Touro estiver no cenário. "Meu livro", "meu cachorrinho", "meu cobertor". Eles precisam saber o que é deles e o que não é. Eles precisam saber qual é a hora de comer e de dormir. O modo mais fácil de estressar um pisciano com presença de Terra é ter um progenitor de Ar que fica correndo para lá e para cá fazendo milhões de coisas, encontrando-se com as pessoas e "É hora do almoço" e não aparece a comida. Respeite a hora das refeições e o pisciano com o elemento Terra vai amá-lo para sempre.

O pisciano com o elemento Fogo precisa de atividade e de alguma excitação. Nada em excesso, pois o pisciano sempre requer tempo para descansar e se recuperar. Ele gosta da preparação para as coisas. Saber que vai viajar deixa feliz o pisciano com presença de Fogo durante várias semanas. Ele precisa de exercícios (todos precisamos, mas o pisciano com o elemento

Fogo necessita mais ainda) e de alguma competição. O pequeno pisciano com o elemento Fogo vai se sair bem praticando artes marciais como tai-chi-chuan, *tae kwon do* e outros que envolvam resistência além de energia. Eles gostam de estar com pessoas, quanto mais gente, melhor, e, de modo geral, são os piscianos que têm mais amigos.

## *Seu Chefe Pisciano*

Nunca tive um chefe pisciano, mas alguns amigos tiveram. Acho que depende do tipo de trabalho que você tem, mas, como regra geral, seja claro a respeito do que *você* quer. Um chefe de Peixes, a menos que tenha muito de Áries no mapa, geralmente vai deixar você fazer as coisas do seu jeito. Se você é claro no que diz e se mantém assim em reuniões ou discussões sobre as coisas, sobre como *você* faz as coisas, seu chefe de Peixes vai perceber que você é capaz e vai confiar em você para realizar as tarefas.

Entretanto, se o seu chefe pisciano estiver emotivo e perdido (algo que acontece ao longo da vida dos piscianos), afaste-se e *não* se deixe levar pelo torvelinho das confusões piscianas. Seja consistente, alerta, mas amigável. Não faça o trabalho do seu chefe pisciano. Ele pode muito bem começar a confiar tanto em você que virá trabalhar esperando que você faça tudo. Seja firme, mas educado, dizendo que seu contrato de trabalho relaciona as suas tarefas e deveres, e mantenha-se dentro do contrato. Muitos chefes piscianos mantêm seu verdadeiro eu um tanto escondido, e por isso talvez você nem suspeite que seu chefe é de Peixes. O sigilo e o medo da invasão passa por Peixes como um rio, e ele prefere manter seu verdadeiro eu acobertado, por isso não faça perguntas indiscretas. Os dois signos mais sigilosos são Escorpião e Peixes, e a maioria dos funcionários não desconfia de seu signo. Mas se um dia você for trabalhar e a empresa tiver desaparecido de um dia para o outro, pode estar certo de que um pisciano esteve metido, e, se ele não gostava do proprio trabalho, não iria perder nada se ele não existisse mais.

## Seu Namorado Pisciano

Esta é a área em que recebo mais reclamações. Os homens de Peixes. *Suspiro*. Por onde começamos? Primeiro, entenda qual é o *seu* signo.

Se o seu signo é de Fogo e o seu pisciano tem Fogo no mapa, tudo bem, mas se ele não tem, espere momentos difíceis. As arianas querem que seu pisciano faça isso e faça aquilo e converse com fulano e organize isto e se lembre daquilo... e não se esqueça do leite. Hmm. O pisciano vai tolerar isso durante algum tempo, mas um dia você vai descer as escadas e descobrir que seu pisciano foi embora. Quer dizer, ou saiu de casa, foi embora fisicamente com as malas na mão, ou escapará lentamente de você, ficando doente, bebendo, usando drogas ou encontrando-se com outra pessoa. Qualquer coisa para evitar o ataque direto de uma mulher ariana "nas suas costas". É nesse ponto que os livros sobre Marte e Vênus são úteis, pois o pisciano, ou, na verdade, *qualquer* homem, precisa se sentir no controle, e é aí que vocês terão de concordar em discordar. Ele é o chefe e você também. Mas ele não *quer* ser o chefe. Ele quer ficar olhando por aí, inspirando-se, observando as flores crescerem ou lendo sossegado. Se o seu signo é de Fogo e você quer se manter com um aquático pisciano, por favor, dê-lhe TONELADAS de espaço. Pode até reservar um quarto só para ele na casa, um lugar sagrado e DELE.

Se o seu signo é Leão ou Sagitário, a gentileza também se aplica. Procure evitar comentários mordazes ou "conselhos" (mencionei isso antes, mas acredito que, se você é uma autêntica nativa de Fogo, deve ter pulado esse trecho e lido só esta parte porque quer chegar direto ao ponto). Ele não vai precisar de seus conselhos, a menos que os peça. Seu "levante-se, vamos" se opõe à atitude tranquila dele, e é isso que mais incomoda minhas clientes de Fogo com namorados ou parceiros piscianos: o fato de eles serem tão tranquilos quando a caldeira quebra ou o carro encrenca. Ele não é você. Você é. RELAXE!

Se o seu signo é de Ar, as coisas também não serão muito fáceis. Esta é uma das combinações que chamamos de desafiadoras. Tenho um cliente pisciano que namora uma geminiana. Ela gosta de conversar e ele, de ponderar. São duas pessoas artísticas, criativas, mas ele me procurou porque estava desgastado com tanto Ar. Tanta necessidade de explicar e de racionalizar e de verbalizar. Signos de Ar gostam de razões e discussões (interpreto isso como argumentações, mas sou suspeita). Os signos de Ar querem verbalizar as coisas, falar sobre elas, debater até com cabeçadas... o pobre pisciano estava bebendo para fugir de tanta reclamação. Foi assim que ele viu a questão. Ele não tinha tempo para levar o cachorro para passear, não tinha um canto que pudesse chamar de seu. Estava sendo esmagado por uma sensação de ressecamento, como um pedaço de alga marinha que ficou sob o sol. Com Ar demais, o pisciano fica ressequido e irritadiço.

Se você é de Libra, resta alguma esperança. Os librianos gostam de ser equilibrados e justos, e há semelhanças entre vocês. Eis uma libriana falando de um ex-namorado pisciano.

*"A coisa que achei mais irritante neles é o fato de serem escorregadios: parece que nunca dão uma resposta direta, e é difícil fazer com que se prendam a um compromisso, a uma responsabilidade ou um plano. O sujeito com quem eu estava envolvida chegou a me dizer uma vez, 'poderíamos ter um filho, isso seria ótimo, apenas não tente me prender a você'. Ele era mesmo uma figura: extremamente sortudo, bonito, sensível, romântico e charmoso, mas também um patife, ladrão, sonhador (o que costuma ser bom, mas ele era demais!) e alpinista social – ele gruda em pessoas que parecem estar subindo na vida. Quando elas não são mais úteis para ele e seus planos, ele as abandona.*

*Pensando bem, o sujeito com quem eu estava envolvida gostava de disciplina. Com certeza, eu não sou a pessoa mais autodisciplinada do mundo, mas ele costumava dizer que eu era a pessoa mais disciplinada que ele conhecia, e ele me admirava por isso. Na época, eu achei engraçado, e agora parece mais engraçado ainda! Meu caso amoroso foi bonito, passional e intenso – jamais me sentira tão valorizada, e nunca mais me senti assim. No entanto, senti-me vulgar quando descobri que ele era mulherengo."*

O libriano quer que as coisas sejam corretas, justas e iguais. O pisciano quer que as coisas sejam belas, conectadas, fluentes. O geminiano quer que as coisas sejam interessantes, mordazes e cerebrais, e o aquariano quer apenas que as coisas sejam interessantes. Certa vez, li um interessante resumo de lugares ideais para levar um namorado aquariano... um abatedouro.

Por quê? Porque seria **diferente**. O homem de Peixes e a mulher de Aquário é outro desafio. Ela quer ter muitos amigos e salvar o mundo, ele quer ter muito espaço e voltar para uma vida passada, ou para algum sonho anterior.

Se o seu signo é de Água, você não precisa de muitos conselhos. Compreende verdadeiramente como o pisciano se comporta no amor e na guerra, e vai desfrutar do comovente reconhecimento de seu amor e atenção. Porém, insisto, não tente transformá-lo em algo que ele não pode ser.

Eis uma canceriana falando de seu ex-namorado pisciano:

*"Estou voltando ao normal depois de uma separação séria de um pisciano, tendo me afastado de outro pisciano de quem fui amiga durante vinte anos... Acho que os piscianos tendem a ser muito emotivos e certamente indecisos. São muito passionais com relação ao que sentem, e expressam isso muito bem. Tendem a ser bem intensos (na minha opinião) e expõem seus sentimentos rapidamente. O único problema é que estão sempre mudando de ideia, como se os dois peixes que nadam em sentidos opostos estivessem sempre em guerra um com o outro. Para mim, o efeito foi como se ele tivesse me levado às alturas e depois me soltado, e isso doeu muito! Na verdade, acho que os signos de Água têm grande capacidade para amar, mas, por serem tão profundos, também podem magoar na mesma medida. Creio que os piscianos são sensíveis, bons, atenciosos, amáveis e generosos, mas quando ficam acuados, tornam-se muito dramáticos e tão frios quanto... como direi? Frios como um peixe! Sim, isso resume meus sentimentos, claro, e eles têm a cabeça nas nuvens, muito sonhadores e etéreos!"*

Se você é de Câncer, ele não é sua mãe; se você é de Escorpião, *ele não* está tendo um caso, e se você também é de Peixes... então, boa sorte, pois por mais que seja adorável namorar alguém do seu signo, raramente dois piscianos "funcionam" bem juntos. E agora, preciso lhe dizer qual é a minha teoria. Você namora alguém do signo estelar com o qual tem mais "problemas". Digamos que sua mãe era de Peixes. Namorar um pisciano faz com que você consiga lidar com os problemas que tinha com sua mãe de forma mais distanciada, mas ainda são a sua mãe e seus problemas. Meu primeiro amor foi um pisciano, e, anos depois, percebi que estava trabalhando algumas "coisas" que tinham a ver comigo. É um processo semelhante a um espelho. Todas aquelas coisas que eu amava tanto nele me deixaram maluca com o tempo. Ele não se comprometia comigo, embora eu tenha descoberto (novamente, anos depois) que ele conversara com meu pai sobre casamento... mas àquela altura eu já estava fazendo as malas, porque era tarde demais para mim.

Se o seu signo é de Terra, seu amor pisciano tem chances muito boas de sobrevivência. A água se apoia muito bem num leito de terra, mas é preciso tomar cuidado para que as coisas não fiquem maçantes. Um amigo taurino me disse brincando, certa vez, que estar com sua aquática pisciana provocava uma confusão enlameada. Se você é taurina, seu amor pode durar, desde que seja exclusivo. Touro não fica com ciúmes facilmente, mas gosta que você esteja presente. Se você é de Capricórnio, está no assento do motorista, e seu amor de Peixes vai ficar bem com você, desde que você seja leal. Mais uma vez, cuidado com a monotonia. Se você é virginiana, seu signo é o oposto a

Peixes, e não conheço nenhum relacionamento assim que tenha durado. Não é impossível, mas, como Linda Goodman disse, o pó de pirlimpimpim é o que encanta o pisciano, e Virgem não gosta muito do pó das fadas. Verifique os signos de suas Luas para ver se o relacionamento pode funcionar.

## Sua Namorada Pisciana

Mais uma vez, é preciso levar em conta o *seu* signo. Se você é de Fogo, sua namorada pisciana vai parecer incrivelmente bonita, misteriosa, gentil, compassiva, compreende você *tão* bem e olha no fundo dos seus olhos quando vocês conversam. Se você é de Áries, Leão ou Sagitário, esses olhares longos e lânguidos podem parecer assim porque ela está viajando pelo mundo dos sonhos e, na verdade, está olhando *através* de você, contemplando o maravilhoso mundo que está além dos dois.

Tive uma cliente pisciana que estava namorando um leonino. Eles passaram muito tempo sem se entender, rompendo e reatando o namoro. O relacionamento era um conflito só. Ele tinha a Lua em Escorpião, o que conseguia mantê-los juntos, de certo modo, mas não era um relacionamento maravilhoso, e imagino que as reverberações kármicas ainda ecoam em algum lugar do interior de Somerset.

Se a sua relação com uma pisciana não estiver funcionando bem para você, por favor, termine o relacionamento e deixe-a flutuar até a vida de outra pessoa que a compreenda melhor. Se quiser insistir, talvez porque você tem alguns planetas em Água, por favor, dê à sua pisciana algum tempo para ela mesma: um tempo para devanear.

## O Que Fazer Quando seu Relacionamento Pisciano Termina?

Como Peixes é um signo muito complexo, nem aqui, nem ali, difícil de definir, difícil para se argumentar, difícil de se compreender, a melhor tática é manter-se centrado.

Os piscianos não são conhecidos por essa habilidade.

Vou dividir esta seção nos quatro Elementos, pois isso vai lhe permitir ponderar sobre a tática mais adequada para você.

### Signos de Fogo

Se o seu signo é de Fogo: Áries, Leão ou Sagitário, e você está sofrendo os efeitos colaterais de um relacionamento com Peixes, meu melhor conselho é o seguinte.

Compre uma vela, pode ser de qualquer tipo, mas o ideal é que seja uma pequena vela noturna, acenda-a e recite:

"Eu... (seu nome) deixo você (nome do pisciano) ir, em liberdade e com amor, para que eu fique livre para atrair meu verdadeiro amor espiritual".

Deixe a vela num local seguro para queimar – uma hora é suficiente. Cuidado para não sair de casa, fique de olho nela.

Depois, ao longo dos próximos dias, reúna quaisquer objetos pertencentes a seu (agora) ex-pisciano e deixe-os na casa de dele ou doe-os à caridade.

Se tiver fotos, não se apresse em rasgá-las na hora, como alguns signos de Fogo costumam fazer. Anos depois, quando se sentir melhor com a situação, pode se arrepender de não ter lembranças dos momentos felizes (talvez poucos) que tiveram juntos. Quando tiver forças, guarde algumas das melhores fotos e livre-se das outras.

## Signos de Terra

Se o seu signo é de Terra: Touro, Virgem ou Capricórnio, você vai se sentir menos propenso a fazer alguma coisa drástica ou extrema (a menos, é claro, que sua Lua esteja num signo de Fogo...).

O fim do seu relacionamento deve envolver o Elemento da Terra, e isso pode ser feito com o emprego de cristais de confiança.

Os melhores cristais para se usar são aqueles associados com o seu signo solar e também com a proteção. Os cristais a seguir são considerados de proteção, mas também são as pedras preciosas relativas ao signo natal[16].

Touro = Esmeralda
Virgem = Ágata
Capricórnio = Ônix

Pegue o cristal e lave-o em água corrente. Embrulhe-o num lenço de papel e vá caminhar pelo campo com ele. Quando encontrar um lugar apropriado, faça um pequeno buraco e coloque o cristal no chão. Pense no modo como seu relacionamento terminou. Lembre-se dos bons e dos maus momentos. Perdoe-se por quaisquer erros que você acha que cometeu. Imagine uma bela planta crescendo onde você enterrou o cristal, uma planta que floresce e cresce com vigor. Este é seu novo amor, que estará com você quando chegar o momento apropriado.

## Signos de Ar

Se o seu signo for de Ar: Gêmeos, Libra ou Aquário, talvez você queira conversar sobre o que aconteceu antes de sucumbir ao fim do jogo. Os signos de Ar precisam de razões e de respostas, e podem desperdiçar uma preciosa energia vital procurando essas respostas.

Antes de tudo, perdoe-se pelo fato de o relacionamento ter terminado. Não foi culpa de ninguém, e o tempo vai curar as feridas. Quando estiver se sentindo melhor e seus pensamentos estiverem claros, pegue uma folha de papel e escreva uma carta para seu (ex) pisciano. Você não vai mandar essa carta pelo correio, por isso pode ser o mais sincero possível.

Escreva-lhe da seguinte forma:

"Caro pisciano,

Sei que você está feliz agora que tem uma vida nova, mas queria que você soubesse e entendesse algumas coisas que você ignorou enquanto estávamos juntos".

Então, relacione fantasias, hábitos, ideias e sonhos incômodos a que seu (ex) pisciano se dedicava. No alto da lista pode estar a incapacidade de tomar decisões, ou de ser sincero e verdadeiro com relação às coisas.

Não deixe de lado nenhum detalhezinho, até as escovas de dentes no banheiro e as diversas vezes em que ele disse coisas como "pode ser" ou "Não tenho certeza".

Escreva até dar vazão a todos os seus sentimentos, e encerre sua carta com algo similar ao seguinte:

"Embora tenhamos passado por um verdadeiro inferno juntos e nunca tenhamos concordado com nada, eu não lhe desejo mal", ou algum outro comentário positivo.

Depois, leve a carta para algum lugar ventoso, alto, fora da cidade, de preferência onde você não sofra interrupções. O alto de uma colina com uma bela vista, um cais de porto num dia de tempestade, perto de um despenhadeiro, mas seja sensato e não se exponha a nenhum risco pessoal.

Leia novamente a carta. Certifique-se de que concorda com tudo o que está escrito nela, e depois, cerimoniosamente, rasgue uma pequena parte dela nos menores pedaços possíveis, e deixe esses pedacinhos serem levados pelo vento. Não creio que seja uma boa ideia dispor de *toda* a carta dessa forma, porque: a) ela pode ser bem longa e você pode ser acusado de sujar o ambiente, e b) corre ainda o risco de ela ir parar num lugar inconveniente. Portanto, guarde o resto da carta.

Quando chegar em casa, queime o resto em segurança num cinzeiro, ou coloque a carta no triturador de papel e jogue as aparas no cesto de reciclagem.

## *Signos de Água*

Se o seu signo for de Água: Câncer, Escorpião ou Peixes, sua recuperação será um pouco mais difícil. Não será impossível, mas talvez você encontre mais dificuldade para se livrar das pegajosas energias piscianas. Você pode ficar deitado e acordado à noite, perguntando-se se fez a coisa certa ao terminar o relacionamento, ou sentindo-se profundamente magoado pelo fato de a relação ter acabado. Não se abale. As coisas vão melhorar, mas você precisa conseguir superar essas primeiras semanas, as mais difíceis, sem ficar chorando o tempo todo.

Sua cura emocional precisa incluir o elemento Água. Desse modo, segue algumas sugestões.

Eis um modo poderoso de curar a ferida emocional que resultou no término desse relacionamento. Ele lhe permite usar a parte de você que está mais "sintonizada" com a questão.

Isso envolve suas lágrimas. Da próxima vez que sentir que vai chorar, recolha suas lágrimas num frasco. Não é tão difícil quanto parece. Lá está você, as lágrimas rolando rapidamente, ameaçando inundar o mundo; você só precisa que *uma* dessas lágrimas caia num copo de água. Recomendo que use um copo bonito, interessante, que tenha algum significado para você.

Certifique-se de que a lágrima caiu nele, e então preencha-o com água até chegar quase na borda. Coloque o copo sobre uma mesa, talvez com uma vela acesa, talvez com uma foto dos dois juntos – o que for mais adequado para você – e recite o seguinte:

Este adorável relacionamento com você: ............. terminou.

Estendi-me através do tempo e do espaço para chegar até você,
Minhas lágrimas vão lavar a dor que sinto
E tirar você do meu coração, mente e alma
Partamos em paz.

Depois, beba lentamente a água.

Passe as próximas semanas comentando como você está se sentindo com alguém que se importa com isso. Se não houver alguém que desempenhe esse papel na sua vida, pense num conselheiro ou terapeuta. A Técnica de Libertação Emocional (EFT – Emotional Freedom Technique), encontrada no site www.emofree.com*, é muito útil nessas situações. É uma técnica fácil, que você pode aprender em casa.

---

\* Existe a versão brasileira do site: www.emofree.com.br. (N. do T.)

⚹ Táticas de sobrevivência ⚹

## Sua Amiga Pisciana

Como na maior parte dos conselhos que estou lhe dando, espero que uma coisa tenha ficado bastante clara. A questão não é tanto o que "fazer" a respeito do pisciano em sua vida; ajuda bastante fazer alguma autorreflexão, pensando em quem você é e nas suas necessidades. Eu poderia falar durante horas sobre como Peixes pode fazer isto ou aquilo, mas o mais importante é se lembrar de quem você é e o que você deseja.

Eis uma aquariana falando de piscianos:

> *"Sempre me dei muito bem com pessoas do signo de Peixes. Acho que são sempre boas para conversar sobre nossos sentimentos e têm comentários interessantes para fazer. Às vezes, podem ser meio frágeis em situações sociais, e as mínimas coisas podem magoá-las, mas se não fizer nada que as faça odiá-lo completamente, sempre existe a chance de elas voltarem a lhe dar todo o seu amor, desde que você seja gentil. Elas são muito abertas à dor dos outros."*

Nenhum pisciano tem a capacidade de arruinar a sua vida, a menos que você queira que isso aconteça, mas quais são as suas expectativas com relação a essa pessoa instável em sua vida?

Uma coisa é certa. Se você tem um amigo pisciano, lembre-se que ele vai refletir de volta um pouco do seu "eu". Seu senso de limite pessoal é no mínimo vago, talvez brando, talvez sequer exista, e ele muda de um dia para o outro. Além disso, leve em conta o fato de seu amigo pisciano ter predominância de um dos quatro Elementos (Terra, Ar, Água ou Fogo), pois cada Elemento demanda um tratamento diferente. E se você for de Terra, não espere que seu pisciano de Ar compreenda-o plenamente.

Mas eis alguns lembretes amáveis e sugestões úteis para avaliar se a amizade pode ser duradoura.

Antes de tudo: você tem algum planeta em Peixes? Se a sua Lua estiver em Peixes, você tem sorte. Sua amizade pode suportar mais perturbações, desapontamentos e momentos difíceis do que qualquer outra combinação. Sua Lua refletirá para seu amigo pisciano as coisas que têm importância vital nessa amizade.

E o que é a amizade? O que você procura num amigo? Alguém que está ao seu lado nos momentos difíceis? Alguém em cujo ombro você pode chorar? Apoiar-se? E o que dizer dos bons momentos? O que acontece quando os momentos difíceis acabam e a vida melhora? Sua amizade suporta os bons momentos?

Já vi muitas amizades terminarem quando um dos amigos começa a ter uma vida melhor e o outro ainda está tentando respirar. O amigo que está bem, talvez até se divertindo, acha um desafio estar com o (antigo) amigo que ainda está triste, rabugento e amargurado com a vida.

Não seja assim com seu pisciano. Procure ver que o bem que há na vida dele é bom.

Mas a chance de seu pisciano conseguir colocar a vida em ordem é menor do que a de um capricorniano, por assim dizer, mas *pode* acontecer. E quando tudo tiver assentado, ele estará disponível para você, ouvindo com atenção, sendo empático, sentindo o que você está sentindo... e quando as coisas melhorarem de vez, ele vai querer sentir a alegria que a vida tem para oferecer.

Se o seu amigo é um pisciano com presença de Ar, conversas e discussões estarão no topo da agenda. Fóruns, salas de bate-papo, telefonemas, debates, festas, a criação de "alguma coisa juntos".

O pisciano terroso vai gostar de comer, da Natureza, de caminhadas, explorações, culinária e talvez de jardinagem.

O pisciano de Fogo quer entrar num avião, mergulhar fundo, organizar um "GRANDE EVENTO", estrelar um programa na tevê ou no rádio – quer que saibam que ele está "se divertindo".

E o pisciano aquoso vai querer visitar um desses eventos de Mente, Corpo e Espírito, alimentar os patos, acolher animais desgarrados, alimentar cães abandonados, trabalhar numa organização de caridade para ajudar aqueles que estão "piores do que nós".

Como você vê, são elementos e abordagens diferentes quanto ao desenvolvimento de sua amizade. Para que ela dure, Não Passem Muito Tempo Juntos.

A maneira mais rápida de se perder um amigo de Peixes é não lhe dar espaço nem tempo para respirar. Eles precisam de espaço para se reconfigurarem, pois do contrário vão se tornar sua cópia fiel. E isso não seria amizade, seria narcisismo. Lembre-se, ele é de um signo de Água, e por isso sua amizade terá altos e baixos e deve fluir.

## Sua Mãe Pisciana

Devo dizer que, pela natureza do meu trabalho, não são muitas as pessoas que me telefonam e pedem para marcar uma consulta para dizer que têm uma adorável mãe pisciana que as valoriza e faz com que se sintam amadas e satisfeitas. Por isso, minha experiência de Peixes como mãe é, infelizmente, um tanto negativa:

- A mãe pisciana que deixa o pano de prato em cima do fogão e ele pega fogo.
- A mãe pisciana que teve namorados violentos e ficou tão ocupada lidando com eles que os filhos acabaram sofrendo.
- Ou a mãe pisciana que ficava doente, acamada ou morria cedo; a lista é longa e triste.

Se a *sua* mãe é pisciana, dê-lhe uma folga. Lembre-a gentilmente de que é segunda-feira e você precisa de uma carona até a escola, ou "Não, você não quer saber de Vênus e Urano", você quer apenas o jantar...

É sabido que as mães de Peixes se esquecem completamente do mundo prático e real, e que consultas ao médico, visitas ao quiroprático, o fato de que é preciso ir ao supermercado, que as camas estão sem lençol e que a casa precisa ser limpa podem ser negligenciados. Não são coisas nas quais as mães de Peixes se esmeram.

Obviamente, depende de como era a mãe dela. E se a mãe dela também era de Peixes (o que é raro), aceite que você terá de ser autossuficiente e aprender desde cedo a cozinhar, limpar e cuidar da casa.

Porém, se você tiver sorte, sua mãe pisciana terá planetas em Câncer pois esse é o signo da nutrição e ela deve preparar refeições deliciosas.

Se a sua mãe pisciana tem ASC ou Lua em Libra, você verá que ela nunca consegue se decidir; por isso, não a distraia quando ela tiver tomado alguma decisão.

E também leve em conta o seu signo. Você já deveria ter uma vaga ideia da compatibilidade que pode ter com sua mãe, descobrindo suas próprias necessidades, mas eis algumas sugestões sobre como conhecer sua mãe pisciana ou como tornar mais fácil a vida com ela.

Acima de tudo, a mãe pisciana sente uma profunda conexão anímica com seus filhos. Não de forma prática, mas de forma espiritual. Ela vai se preocupar mais com seu caminho espiritual do que com a comida na geladeira. Não é o melhor modo de vida, mas ela teria dificuldades para mudar. Com um pouco de prática, você verá que as coisas vão melhorar.

Para tornar mais fácil a vida com uma mãe de Peixes, recomendo o seguinte.

Incentive-a a criar um altar. Pode ser qualquer coisa, desde uma prateleira especial na sala de jantar com belos cristais coloridos, algumas fotos suas, um lindo cálice com estrelas incrustadas e a vela obrigatória, até uma mesinha de canto repleta das coisas "especiais" de que sua mãe gosta.

Assegure-se de que esse será o **único** lugar da casa com a aparência amalucada, pois, se não tomar cuidado, vai encontrar cocares indígenas adornando as paredes, lâmpadas com fadas no quarto, velas em todas as superfícies da casa e seu quarto pintado com fofos tons pastel. Se você for de Áries, não se sentirá bem. Explique-lhe que *esse lugar especial* vai ajudá-la no seu crescimento espiritual e sua mãe de Peixes, se for normal, vai compreender o conceito e responder à altura.

Se você começar a encontrar garrafas vazias de vinho ou de outras bebidas na reciclagem, pergunte à sua mãe o que a está incomodando e depois telefone para a tia favorita dela (toda pisciana tem uma tia favorita), explique que sua mãe está meio perdida e deixe a tia resolver o problema. Não cabe a você bancar o progenitor de sua mãe pisciana. Depois que ela se sentir sintonizada espiritualmente, será capaz de cuidar de si mesma.

Seminários e retiros espirituais são bons, bem como feiras psíquicas/de saúde, lojas e revistas místicas, velas, cursos sobre anjos – tudo para que sua mãe pisciana se esqueça de que é um ser humano durante algum tempo.

Fazendo uma estimativa aproximada, eu diria que o pisciano precisa passar 70% de seu tempo no "mundo real" e 30% mergulhado num livro de ficção ou sozinho com seus pensamentos. As mães de Peixes ficam estressadas se a demanda emocional sobre seu tempo aumenta, por isso tente reduzir o número de bichos perdidos e abandonados que sua mãe pisciana queira adotar, como cães, gatos ou qualquer outro ser ou animal que pareça estar sofrendo.

## Seu Pai Pisciano

Um pai pisciano é um ser raro, estranho e peculiar. Por um lado, ele sabe ser prático, organizado, bom para perceber e conhecer suas necessidades; por outro, ele pode ser (em casos extremos) um alcoólatra, um caso perdido, um viciado ou um largado.

Em qualquer hipótese, seu pai pisciano vai querer ser o melhor pai possível, e por isso facilite o trabalho dele dizendo do que gosta e quais são as suas necessidades. Como, de modo geral, o pisciano é bem intuitivo, podemos cometer o erro de presumir que ele saiba automaticamente quais são as nossas necessidades e vontades.

"Meu pai sabia que eu queria entrar para o time de vôlei", mas isso não significa necessariamente que ele também vai saber o que você deseja fazer na vida, que emprego gostaria de ter ou qual carro você aprecia. Descubra primeiro onde estão o ASC, o Sol e a Lua dele e tente adivinhar o tipo de pai pisciano que você tem.

Ele é um pai de Fogo, que acorda de manhã cedo, corre para saudar o dia, está envolvido em diversos projetos, mostra entusiasmo pela vida?

Ou é um pai de Ar, em debates até tarde da noite, querendo discutir, ler poesia, construir castelos no ar, levando ideias de um lado para o outro?

Ou é um pai mais lento e mais prático de Terra, consertando o carro, cuidando do jardim, descansando num dia quente e acendendo a lareira nos dias frios?

Ou será um pai de Água, dizendo-lhe o que ele sente a respeito disto ou daquilo, ou parecendo magoado quando o presente que ele comprou para você há dezenas de anos aparece na reciclagem? Preocupado com o que ele acha que o outros pensam de você, achando que você talvez não se saia bem no mundo real (temos aqui um caso de projeção), emprestando-lhe dinheiro porque ele acha que assim "vai resolver o problema"?

Determine o elemento dominante de seu pai e depois transmita-lhe suas necessidades e desejos, para que ele os conheça melhor. Um pai de Água, por exemplo, não vai se preocupar com suas notas na escola, mas vai se aborrecer se você lhe disser que alguém não gosta de você.

O pai de Água vai querer que você compartilhe coisas com ele através de abraços ou contatos próximos, por isso não peça dinheiro em pé do outro lado da sala: aproxime-se, abrace, se aninhe e depois faça seu pedido educadamente. Leve em conta que você ouvirá resmungos caso tente sair depressa, especialmente se ele tiver planetas em Escorpião. É quase como se ele tivesse um radar interno...

O pai de Fogo precisa fazer coisas com você, escalar montanhas, pescar, correr, viajar para lugares estranhos e maravilhosos do exterior. Por isso, se você tem um problema ou quer compartilhar alguma coisa com ele, faça-o quando os dois estiverem ativamente dedicados a alguma coisa, mesmo que seja um banho de piscina.

O pai pisciano de Terra vai querer que você expresse os aspectos práticos e viáveis de seus desejos, algo que ele pode comprar, ensinar, emprestar ou dar a você. Ele responde melhor quando você baixa a sua voz, move-se lentamente e respira junto com ele.

O pai com presença de Ar vai discutir, conversar, pensar, verbalizar, até cantar, e vai compreendê-lo melhor se você escrever exatamente o que quer na forma de mensagens curtas, lembretes, longas cartas amáveis ou telefonemas. Você pode até estar do outro lado da sala, mas precisa fazer contato visual e tornar interessante e fluido o que você vai dizer.

## Seus Irmãos de Peixes

O número de irmãos que você tem e seus elementos dominantes vão determinar como lidar com seu irmão ou irmã de Peixes (e o mesmo se aplica a primos, tios e tias).

Todas as regras habituais de Peixes se aplicam. Não os afogue com seus problemas, não banque o mandão. Eles podem fazer o que você quer, mas nunca vão perdoá-lo e farão planos para dar o troco numa outra vida. Confira seu próprio mapa e procure pontos em comum. Vocês têm planetas nos mesmos signos (vocês terão os três planetas exteriores, Urano, Netuno e Plutão, bem próximos se a diferença de idade não for grande)? Os principais são o Sol, a Lua e o Ascendente – se compreendidos, garantirão maior harmonia familiar.

Seja qual for o seu signo, seu irmão ou irmã de Peixes vai, em algum momento, passar por aquilo que a maioria dos piscianos enfrenta: a sensação de que é incompreendido, de que não pertence a este planeta, de que deseja ir com as fadas e que, de modo geral, age como se o mundo devesse cuidar deles, pois eles parecem incapazes de cuidar de si mesmos. Recomendo enfaticamente a ideia do altar (veja a mãe de Peixes) e, se você tiver de dividir um quarto com um pisciano (na faculdade, ou numa excursão da escola), seja muito claro sobre limites, isto é, onde as coisas começam e acabam, pois enquanto o pisciano não amadurece um pouco, ele tende a se apossar de qualquer coisa à sua volta.

Seu batom se torna o dela, o belo quadro com criaturas bonitas vai para a parede dele... eles não furtaram essas coisas, eles só as tomaram "emprestadas", mas, a menos que você deixe muito claro o que é seu e o que é deles, isso vai continuar a acontecer.

Como Peixes pode ser muito inconstante, você pode ficar um pouco confuso se passarem muito tempo juntos. Se quiser preservar a sua sanidade mental (e seu signo for de Ar), passem menos tempo juntos e tenham amigos diferentes. Mantenham vidas sociais separadas. Não "empreste" seus amigos, talvez eles não voltem!

Se você for de Câncer e disser "desculpe" de vez em quando, vocês devem manter uma amizade firme nos bons e nos maus momentos. Se você for de Capricórnio, não se deixará influenciar por seu irmão pisciano, e verá que, num ponto (bem) avançado da vida, vocês ainda estarão se falando.

As combinações problemáticas são as dos signos que fazem a chamada quadratura com Peixes: Gêmeos, Virgem e Sagitário. Aceite o fato de que você nunca irá vê-los frente a frente, mas mantenha uma distância salutar e troquem cartões de Natal e de aniversário, e pronto. Você nunca irá compreender seu irmão de Peixes. Por que desperdiçar esforços tentando? Seria melhor estudar seu próprio mapa e procurar indicadores úteis.

Se o seu signo é de Fogo, assegure-se de que terão quartos separados. Insista nisso. Se vocês tiverem de compartilhar um quarto, mantenha o seu lado completamente separado do lado de seu irmão pisciano. Peixes precisa de seu próprio espaço, pois do contrário ele acaba se transformando na pessoa com quem mora ou que está próxima. Já vi piscianos falando, andando e agindo como seu irmão de Fogo. Eles acabam perdendo completamente a identidade e ficam doentes se passam muito tempo com signos de Fogo; desse modo, se este for o seu elemento, faça um favor a ambos e mantenha seus espaços pessoais bem separados.

Se o seu signo é de Água, vocês devem se dar bem. Eu disse que devem, mas como há três fatores importantes do mapa a se levar em consideração, matematicamente isso significa que esses três componentes podem estar em 12 signos diferentes, num total combinado de $12 \times 12 \times 1 = 144$ combinações diferentes. Se você levar em conta os dez planetas que aparecem num mapa, as combinações chegariam a mais de 17.280.

Deixe-me dar um exemplo. Você pode ser um amável escorpiano com Lua em Sagitário e Ascendente em Leão. Seu irmão de Peixes tem Ascendente em Câncer e Lua em Touro. Você é Água, Fogo e Fogo, e ele é Água, Água e Terra. Você é rápido, ele é lento, embora seus signos solares sejam compatíveis e ambos de Água.

Agora você entende por que os astrólogos costumam ter dores de cabeça, e também por que as colunas de signos solares do jornal não levam em conta todos os elementos que devem ser analisados num mapa. Assim, fazer declarações abrangentes como "escorpianos e piscianos se dão muito bem" não é inteiramente correto... eles se dão bem, de certo modo, mas a combinação acima descarta essa regra.

É claro que você pode ser um indivíduo esclarecido e amar todas as pessoas que pertencem à sua esfera social, e assim o conselho acima poderá parecer um tanto severo. Mas não presuma que como vocês dois são de signos de Água, vão se dar imediatamente bem. Irmãos e membros da família, de acordo com minhas observações, tendem a entrar em conflito principalmente com os signos Ascendentes. A dupla do nosso exemplo vai ter dificuldade para ficar frente a frente porque um vê a vida pelas lentes das motivações leoninas, amigáveis, sociáveis e orgulhosas, e o outro é conservador, discreto, até introvertido, e certamente muito orientado para a família.

Se o seu signo é de Terra, o que eu disse anteriormente também se aplica. Observe seu próprio mapa e compare-o com o de seu irmão de Peixes. Certifique-se de que vocês organizaram suas coisas para que sejam levadas em conta suas necessidades terrosas de segurança, estabilidade, horários das refeições, contato com a natureza e detalhes práticos relacionados com o dinheiro. Permita que seu irmão pisciano se conecte. Creio que não deve haver muita desarmonia aqui. Vocês podem até ignorar um ao outro na maior parte do tempo! O truque consiste em analisar seu próprio Ascendente e sua Lua antes de julgar se o que a tia Maya disse sobre ter um irmão de Peixes é válido ou não.

Para obter mais informações interessantes sobre esse assunto, favor consultar *The Astrology of Family Dynamics*, de Erin Sullivan.[17]

Espero que você tenha gostado de aprender um pouco mais sobre Astrologia e um pouco sobre o signo solar de Peixes. Espero que isso ajude você a compreender um pouco melhor o último signo do Zodíaco. Se precisar de mais informações, por favor, consulte a seção de referência no final do livro.

Estas linhas estão sendo escritas enquanto a Lua está em Gêmeos, na sala do andar de cima de uma loja de produtos místicos no centro de Bath, a cidade de fontes termais no sudoeste da Inglaterra. Sou de Peixes. Estou feliz com meu trabalho, com meu marido, com meu filho e com minha família. Sei que a vida é feita de coisas boas e más, e decidi, não faz muito tempo, me concentrar no que é bom. Há uma vela queimando ao meu lado e sei que a chama dela tem mais força do que todo o descontentamento do mundo.

Do mesmo modo, às vezes a compreensão das coisas é suficiente.

Se todos nós nos compreendermos um pouco mais, talvez nos tornemos melhores. Desejo a você toda a paz do mundo... e felicidade também.

# ♓ Notas ♓

1. *Love Signs*, de Linda Goodman, 1999, Pan Books, Londres.
2. *The Only Way to Learn Astrology, Volume l, Basic Principles*, de Marion D. March e Joan McEvers, 1995, ACS Publications, San Diego, CA 92123, EUA.
3. *Fortune-Telling By Astrology – The History and Practice of Divination by the Stars*, de Rodney Davies, 1988, The Aquarian Press, parte do Thorsons Publishing Group, Northamptonshire, Inglaterra.
4. *Crossing The Threshold – The Astrology of Dreaming*, de Linda Reid, 1997, Arkana, Penguin Group, Middlesex, Inglaterra.
5. *The Instant Astrologer*, de Felix Lyle e Bryan Aspland, 1998, Judy Piatkus, Londres.
6. *The Nature Companions Practical Skywatching*, de Robert Burnham, Alan Dyer, Robert A. Garfinkle, Martin George, Jeff Kanipe, David H. Levy, 2006, Fog City Press, CA, EUA.
7. *Modern Text Book of Astrology*, de Margaret E. Hone, 1980, L. N. Fowler & Co Ltd, Romford, Essex.
8. *The Hidden Messages in Water*, de Masaru Emoto, 2005, Simon & Schuster UK Ltd, Londres, WC2B 6AH, www.simonsays.co.uk.

9. *The Twelve Healers and Other Remedies*, do Dr. Edward Bach, 1933, reproduzido com a permissão do The Bach Centre, Mount Vernon, Oxford, www.bachcentre.com.
10. *Healing Your Family Patterns – How to Access the Past to Heal the Present*, de David Furlong, 1997, Judy Piatkus Publishers Ltd, 5 Windmill Street, Londres W1P 1HF.
11. *The Astrological Neptune and the Quest for Redemption*, de Liz Greene, 1996, Samuel Weiser Inc, York Beach, ME, EUA.
12. *The Rules: Time Tested Secrets for Capturing the Heart of Mr. Right*, de Ellen Fein e Sherrie Shneider, 1995. Thorsons, Harper Collins, Londres.
13. *Mars and Venus on a Date – 5 Steps to Success in Love and Romance*, de John Gray, 2003, Vermilion, Random House, Londres.
14. *The Art of Psychic Protection*, de Judy Hall, 1998, Findhorn Press, The Park, Findhorn Forrest, IV36 OTZ, Escócia.
15. *Linda Goodman's Sun Signs*, de Linda Goodman, 1990, Bantam Books, Londres.
16. *Cunningham's Encyclopedia of Crystal, Gem and Metal Magic*, de Scott Cunningham, 2002, Llewellyn Publications, P.O. Box 64383, St Paul, MN, www.llewellyn.com.
17. *The Astrology of Family Dynamics*, de Erin Sullivan, 2001, Weiser Books, York Beach, ME, EUA, www.weiserbooks.com.

# ⚸ Informações adicionais ⚸

Rudolph Steiner foi o fundador da Antroposofia
Antroposofia no Reino Unido
http://www.antroposophy.org.uk
Antroposofia nos EUA
http://www.antroposophy.org
Antroposofia no Brasil
http://institutorudolfsteiner.org.br
Antroposofia no Mundo
http://www.goetheanum.org
Astrological Association of Great Britain
http://www.astrologicalassociation.com
Astrodienst, Zurique, Suíça (ótimo site para mapas astrais precisos).
http://www.astro.com
The Bach Centre (para informações sobre o Dr. Edward Bach e seus remédios florais)
www.bachcentre.com

**PRÓXIMOS LANÇAMENTOS**

**Editora Pensamento**
SÃO PAULO

Para receber informações sobre os lançamentos da
Editora Pensamento, basta cadastrar-se no site:
www.editorapensamento.com.br

Para enviar seus comentários sobre este livro,
visite o site
www.editorapensamento.com.br
ou mande um e-mail para
atendimento@editorapensamento.com.br